그대 이름을 노을 속에 묻고

배종대 김원식 외

제38회 남명선비문화축제
제12회 천상병문학제
제5회 산천재시화전

그대 이름을 노을 속에 묻고

배종대 김원식 외

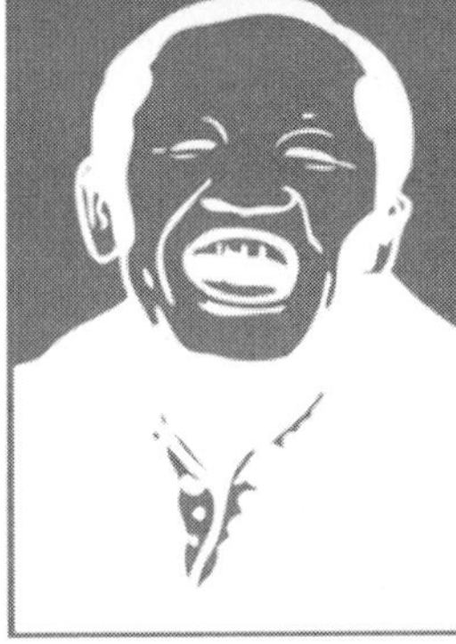

◐ 일시 ; 2014. 10. 11(土)–10. 12(일).
◐ 장소 ; 산천재 · 남명기념관 · 중산리 귀천 시비
◐ 주관 : 산청군 · 남명선비문화축제 제전위원회
◐ 주최 : 한국시사랑문인협회 · 한국스토리문인협회
◐ 참여 단체 : 산청문인협회 · 남가람문학회 · 계간 스토리문학

문학공원

대회사

한국시사랑문인협회 회장 **배 종 대**

가을빛 수런댑니다. 저 가을빛 어디선가 묻어오는 생각의 한 편린들, 오늘 유난히 마음을 훑고 지나갑니다. 현대 문학사의 대표적인 천상병 시인을 사랑하고 문학을 사랑하는 여러분, 오늘 제 12회 천상병문학제와 제 5회 산천제 시화전을 축하하기 위해 선비의 고장 남명문학관 산천제에 오신 것을 진심으로 감사드립니다.

천상병 시인은 세속적인 명리를 떨쳐버리고 순수한 시를 쓴 현대사에 보기 드문 시인입니다, 그의 아름다운 시세계를 기리기 위하여 한국시사랑문인협회원들과 그를 추모하는 순수문인들이 지리산 중산리에 '귀천 시비'를 세우고 그 다음해부터 천상병문학제를 주관하게 되었고 '천상병 문학상'과 '귀천 문학상'을 제정하여 오늘에 이르게 되었습니다. 제1회 문학제부터 올해 12회째 이어오면서 많은 어려움이 뒤따랐습니다. 지역성을 벗어나 전국의 문인들이 함께하는 축제가 되기 위해서는 무엇보다 천상병 시인을 사랑하고 그의 순수하고 아름다운 삶을 기리는 사람들이 마음을 모아 한 곳을 바라볼 때 천상병문학제는 더 한층 발전하고 개선될 수 있다는 것을 절실히 깨닫습니다.

다행히 이번 행사부터 열정을 가진 <한국스토리문인협회>가

저희 <한국시사랑문인협회>와 함께 천상병문학제를 주최하게 됨을 기쁘게 생각합니다. 진정한 시인으로 살다가 소풍 떠난 천상병 시인의 마음으로 함께할 때 천상병문학제는 더 한층 발전하고 개선되며 나아가 전국적인 행사로 발전해 나갈 수 있으리라고 생각합니다.

끝으로 이번 행사를 위해 물심양면으로 도와주신 산청군 군수님과 관계자 여러분, 산청군의회 의장님, 문화관광과 관계자 여러분과 도서출판 문학공원 대표이신 김순진 교수님, 한국스토리문인협회 김원식 회장님과 회원님, 세미나를 준비하여 주신 강외석 박사님과 어려운 여건 속에서도 매년 문학제를 추진하시느라 애써주신 류준열 작가님, 그리고 산청문인협회, 필봉문학회, 남가람문학회 회원 여러분께 고마움을 전합니다. 아울러 천상병문학제를 찾아주신 전국의 문인 여러분께도 감사의 말씀을 드립니다.

환영사

산청문인협회 회장 **정 동 교**

백수귀래 하물식(白手歸來 何物食)

은하십리 끽유여(銀河十里喫猶餘)[1)]

산천재에 있는 위 주련 시 구절만 보더라도 선비정신이 어려 있어 옛 선인들 생각에 잠겨봅니다. 또한 이곳에는 450여년 남명매가 선비의 기상을 드러내며 어울리어 춤추듯 흐르는 덕천강 은하십리를 바라보고 있습니다.

고개 바로 들면 천왕봉이 바라다 보이는 곳이 산천재요 남명기념관입니다.

유서 깊은 이곳에서 시화전이 열리고 남명기념관에서 천상병문학제가 열리고 중산리 귀천시비에서 천상병추모제가 열려 산청에 터를 둔 지역문인으로서 감사를 드리며 진심으로 환영합니다.

지리산 아래까지 오셔서 천상병문학제와 산천재 시화전 행사를 주최하는 한국시사랑문인협회와 한국스토리문인협회 문인 여러분

---

1) 백수귀래 하물식(白手歸來 何物食) : 빈손으로 돌아 왔으니 무엇을 먹고 살 것인가
은하십리 끽유여(銀河十里喫猶餘) : 흰 물줄기 십리를 뻗었으니 마시고도 남음이 있네

께 감사를 드립니다.

이번 행사에 참여하신 산청문인협회, 남가람문학회 문인께도 감사를 드립니다.

제 38회 남명선비문화축제 행사 가운데 12회 천상병문학제와 제 5회 산천재 시화전이 열려 더욱 의미 있고 보람된 일이라 여기며 매우 기쁘게 생각합니다.

특히나 전국각지에서 왕성하게 문학 활동을 하시는 문인들이 우리지역에서 이런 행사를 한다는 것은 지역문인들에게 활력소가 될 뿐 아니라 이런 인연으로 소통하며 서로의 간격을 좁혀 더욱 발전하게 될 것이라 믿습니다.

돈이 되는 일에는 쉬이 행동으로 가지만 내면적 발전을 등한시하는 지역 주민들에게 문학적 관심을 높이는 계기가 될 것이라 봅니다. 지역문화 발전에도 이바지할 것으로 봅니다.

전국에서 오신 문인께서 우리 산청을 널리 알려주시면 더욱 고맙게 생각하겠습니다.

앞으로도 한국시사랑문인협회와 한국스토리문인협회의 무궁한 발전을 기원하며 이 자리를 위해 애써주신 모든 분에게 감사의 말씀을 드립니다.

추모사

한국스토리문인협회 회장 **김 원 식**

가만있어도 눈부시게 아름다운 시월의 지리산으로 귀천 소풍을 함께 해주신 문학을 사랑하는 내빈 여러분.

천진무구함과 무욕의 시인 천상병 시인과 그의 문학세계를 기리기 위해 전국에서 먼 길을 동행 해 주심에 큰 감사를 드립니다.

제 12회 천상병 문학제 천왕봉의 초청을 받고 귀천과 더불어 이 세상 소풍을 즐기러 왔습니다.

두류산 기슭 산천재에 고슬고슬하게 걸려있는 구름의 시편들을 여러분과 함께 낭송하러 왔습니다.

귀천한 천상병시인을 사랑하는 전국의 문인과 독자들이 파란만장했던 그의 시세계를 계승하고자 여기에 한 뜻으로 모였습니다.

한국 문단의 마지막 순수 시인이자 기인이라 불리는 천상병 시혼을 귀감으로 삼고자 우리 모두는 이곳에 모인 것입니다.

귀천 스무 한 해를 맞이하여 천왕봉이 내려다보는 아름다운 중산리 소풍 길로 우리를 초대해 준, 천상병 시인과 목순옥 여사에 대한 추모와 감사의 마음을 유망하지 않았으면 합니다.

또한 천상병문학제의 반석이 되어 준 김선옥 시인에게 생전에 못 다한 고마움의 표징을 이곳에 새깁니다. 늘 성공적인 문학제를 위해 마음을 부어 주시는 산청군과 한시문협 그리고 산청문협 관계자분과 류준열 추진위원장에게 큰 감사를 드립니다.

아울러 한국스토리문인협회가 함께하는 문학제의 앞날에 또 하나의 스토리가 역사로 남기를 소망합니다. 문학의 노래와 문인들의 춤사위로 귀천시비가 어깨를 들썩이고 지리산이 흥건하게 물드는 신명나는 소풍이 되기를 기원합니다.

감사합니다.

발간사

계간 스토리문학 발행인 **김 순 진**

지난 2002년에 시작된 천상병문학제가 벌써 12회를 맞고 있습니다. 당시 일반 문인단체가 천상병문학제를 연다는 것은 새로운 전환기였습니다. 이제 12년 만에 천상병문학제에 참가하게 되니 처음 천상병문학제를 기획하고 시작한 사람으로서 감개무량합니다.

천상병문학제는 귀천시의 사상에 근거합니다. 천상병 시인의 사모님이셨던 목순옥 여사님을 모시고 내려오던 생각도 납니다. 남한에서는 가장 높은 지리산 자락에 천상병 시비를 세운 까닭은 "나 하늘로 돌아가리라"라는 천상병 시인의 말처럼 하늘로 돌아가기에 남한에서 가장 높은 산이 있는 지리산의 등산로에 천상병 시인의 시 귀천 시비를 세우게 되었던 것입니다. 그래서 귀천 시비의 옆면을 보면 하늘로 오르는 발바닥 모양의 깨진 부분을 발견할 수 있는 것입니다.

그동안 천상병문학제에 참여해온 문인들은 그 숫자가 너무나 많습니다. 그중에서도 천상병문학제를 처음 시작할 때부터 물심양면으로 도와주시던 김선옥 시인이 작고하셨다는 것은 정말 가슴 아픈 일입니다. 그리고 미국 애리조나에 살면서 천상병문학제가 열릴 때마다 귀국하여 참가하던 김성기 시인도 지난해 말에 작고하셨다는 안타까운 이야기를 들었습니다. 이에 이번 엔솔로지에서는 천상병, 김선옥, 김성기 시인의 시를 추모특집으로 마련하였습니다. 그리고 강희근, 지성찬, 이

승하, 공광규, 지 순, 정용화 같은 기라성 같은 시인님들을 초대시인으로 모신 일도 의미 있는 일이라 생각합니다.

그간 물심양면으로 도와주신 허기도 산청군수님, 민영현 산청군의회의장님, 이효근 산청문화원장님께도 감사드립니다. 지금 전국 곳곳의 지방자치단체는 관광객을 불러 모을 수 있는 좋은 축제는 없을까 고민하고 있습니다. 그런데 산청군에서 12회째 지속되어 오는 천상병문학제에 대한 지원이 좀 미약한 것은 사실입니다. 앞으로 천상병문학상에 최고의 문인을 선정하여 두둑한 상금을 주면서 전국에서 제일가는 문화행사로 자리 잡을 수 있도록 적어도 1천만 원 정도는 지원해주실 것을 모든 참석문인들의 뜻을 모아 조심스럽게 부탁드립니다.

이번 제12회 천상병문학제 귀천문학상 수상자로 부산에 살고 있는 천향미 시인과 대구에 살고 있는 권순진 시인이 선정되었습니다. 두 분 모두 문단에서 활발한 활동을 하고 있는 분들입니다. 두 분의 작품성은 이미 문단에 정평이 나 있습니다. 두 분의 수상은 당연한 결과입니다. 그리고 특별히 공로상을 받게 되신 류준열 작가님은 천상병문학제 추진위원장으로서 산청에 거주하면서 이 행사를 위해 모든 수고를 아끼지 않은 분으로 좀 늦은 감이 있지만 이렇게라도 류준열 작가님의 수고를 치하해 드리고 싶었음을 알려드립니다. 수상하시는 세 분께 우레와 같은 박수를 보냅니다.

제12회 천상병문학제 겸 제5회 산천재 시화전을 모든 참가 문인들과 함께 진심으로 축하합니다. 고맙습니다.

차 례

추모시 특집

초대시

차 례

1부 산청문인협회

2부 남가람문인협회

차 례

3부 한국시사랑문인협회

4부 한국스토리문인협회

차 례

차 례

추모시 특집

천상병 시인

김선옥 시인

김성기 시인

귀천 외 4편

천 상 병

나 하늘로 돌아가리라
새벽빛 와 닿으면 스러지는
이슬 더불어 손에 손을 잡고

나 하늘로 돌아가리라

노을빛 함께 단 둘이서
기슭에서 놀다가 구름 손짓하면은
나 하늘로 돌아가리라

아름다운 이 세상 소풍 끝내는 날
가서 아름다웠더라고 말하리라..

길

가도가도 아무도 없으니
이 길은 無人의 길이다.
그래서 나 혼자 걸어간다.
꽃도 피어 있구나.
친구인 양 이웃인 양 있구나.
참으로 아름다운 꽃의 생태여…
길은 막무가내로 자꾸만 간다.
쉬어가고 싶으나
쉴 데도 별로 없구나.
하염없이 가니
차차 배가 고파온다.
그래서 음식을 찾지마는
가도가도 無人之境이니
나는 어떻게 할 것인가?
한참 가다가 보니
마을이 아득하게 보여온다.
아슴하게 보여진다.
나는 더없는 기쁨으로
걸음을 빨리빨리 걷는다.
이 길을 가는 행복함이여.

새

외롭게 살다 외롭게 죽을
내 영혼의 빈 터에
새 날이 와,

새가 울고 꽃잎 필 때는
내가 죽는 날,
그 다음 날.

산다는 것과아름다운 것과
사랑한다는 것과의 노래가
한창인 때에
나는 도랑과 나뭇가지에 앉은
한 마리 새.

정감에 그득찬 계절,
슬픔과 기쁨의 주일(週日),
알고 모르고 잊고 하는 사이에
새여 너는
낡은 목청을 뽑아라.

살아서 좋은 일도 있었다고
나쁜 일도 있었다고
그렇게 우는 한 마리 새.

행복

나는 세계에서
제일
행복한 사나이다.

아내와 찻집을 경영해서
생활의 걱정이 없고
대학을 다녔으니
배움의 부족도 없고
시인이니
명예욕도 충분하고
이쁜 아내니
여자 생각도 없고
아이가 없으니
뒤를 걱정할 필요도 없고
집도 있으니
얼마나 편안한가.
막걸리를 좋아하는데
아내가 다 사주니
무슨 불평이 있겠는가.
더구나

하나님을 굳게 믿으니
이 우주에서
가장 강력한 분이
나의 빽이시니

무슨 불행이 온단 말인가!

나의 가난함

나는 볼품없이 가난하지만
인간의 삶에는 부족하지 않다.
내 형제들 셋은 부산에서 잘 살지만
형제들 신세는 딱 질색이다.
각 문학사에서 날 돌봐주고
몇몇 문인들이 날 도와주고
그러니 나는 불편함을 모른다.
다만 하늘에 감사할 뿐이다.
이렇게 가난해도
나는 가장 행복을 맛본다.
돈과 행복은 상관없다.
부자는 바늘귀를 통과해야 한다

할미꽃 외 4편

운경 김선옥

할미꽃은 주인 없는 무덤에 핀다
무덤의 주인이 할미인양
허리가 꼬부라져 청승맞다
생로병사(生老病死)가 한 줌 바람이란다

누가 보아주기나 하나
아무도 찾지 않는 깊은 산골
산새의 울음에 토혈을 한다
적자색 선혈로 물든 꽃잎에
보송보송 돋아난 털들은
홍조를 띤 처녀의 뺨인양하다

단 꿈에 젖은 꽃술엔
흰나비가 거꾸로 매달려
달콤한 봄날을 즐긴다
할미꽃은 그제사 자기도 꽃임을
깨닫고 환히 웃는다

황혼의 들녘

가을 꽃 바람에 흩날리는 들녘
황혼은 땅거미로 덮여오는데
지나온 세월 덧없어
가슴 깊은 곳 솟아나는 눈물
눈에 흐르네

모두가 가야할 고향
저 세상 먼저간 친구들
왁자지껄 웃고 떠드는 소리
휘 부는 가을바람 속에 묻혀
들리는 듯하구나

험했던 시절 즐거웠던 시절
모두가 바람에 떨어지는 낙엽인 것을
그것들을 모두어 태워버리는
외로운 그림자 구슬퍼 지내

떠나버린 사랑
마지막 키스의 달콤한 입술
황홀했던 추억들
깊은 회한으로 아파오는 가슴
모두들 가버리는 세월 속에 묻어
떠내려 보내버리자

그러나 어이하리
외톨이로 떠도는 나그네
황량한 가을 들판 바라보며
하염없이 솟아 내리는
부질없는 눈물을 어찌할거나

목련은 피는데

충렬사 정원에 유치원 담벼락에
지나는 벽돌담 집 담장 안에
눈꽃인양 하얀 목련이 피었네

봄의 냄새를 물씬 물씬 풍기며
꽃잎 안에 담겨진 온 봄의 향기를
파아란 하늘아래 뿌려대고 있네

해마다 피는 내 가슴의 목련꽃은
젊은 날의 그리움으로 날을 세워
선홍의 핏물로 꽃잎을 물들이네

그 꽃 그늘 아래 봄의 아이들이
봄의 훈향을 담아 편지를 써서
산들 부는 봄바람에 띄워 보내내

새 하얗게 한들거리는 목련꽃은
잊혀진 그리움을 게워내고 있네
닫혀진 추억의 창문을 열게 하네

목련꽃은 올해도 어김없이 피는데
기다리던 님 소식은 기약이 없고
눈을 들어 멍하니
무심히 떠가는 구름만 보게 하네

칡넝쿨

지리산 뱀사골의 칡넝쿨이
온통 한 골짜기를 덮었다
뿌리는 땅으로 한없이 뻗어가고
넝쿨은 닿는 모든 것을 휘감아
한없이 지경을 넓혀간다
그 속에 잘못 들어가면
속절없는 포로가 된다
뱀처럼 소름끼치기도 하지만
배고파 헤매일 때 넓적한 이파리며
깊이 박힌 뿌리는 허기를 면해주고
줄기로 갈포葛布를 짜 입혀주며
모든 것을 아낌없이 내어주는 .
정녕 고개 숙여 다가가고픈 칡넝쿨
해가 칡넝쿨위로 햇살을 쏟아내면
잎들 사이사이로 핀 자색꽃향기가
바람을 타고 높푸른 가을 하늘로
풍겨 날은다
무성한 품안에 안긴 뻐꾸기가
간간이 질러대는 서러운 울음소리는
온 골짜기에 메아리 되어

아련한 향수로 가슴에 와닿는다
차라리 칡넝쿨은 나의 고향이다

내가 울고 싶은 까닭

또 저무는 한 해의 끝자락에서
허허한 우주를 바라보며
온 내장을 토해내며 울고 싶은 것은
홍수처럼 휩쓸고 간 강가에
아무런 열매나 심지어 말라비틀어진
푸성귀하나 거두지 못한
깡마른 흉년 때문이기도 하지만
끊임없이 용출해대던 그리움마저
자꾸만 메말라가던 가슴이
새까만 숯으로 변해버리는 것이
한스럽기 때문이기도 한데
그것만도 아닌 것 같고 아마도
우연이 그냥 지나쳐버린
육교 위나 지하철 계단이나 거리에서
찌그러진 그릇하나 놓고
알량한 자선을 기다리는 사람이나
지하철에서 호소하는 장애자들
그냥 외면한 것 말고도
남에게 따뜻한 말 한번 건네지 못한
흉측한 욕망투성이인 내
초라한 모습을 보는 때문일 게야

오늘을 보내며 외 4편

김성기(Scott Kim)

하루를 반으로 접어도
당신 모습은 반으로 접어지지 않는
오늘이 또 저물고 있습니다

미소 짓는 당신 모습
푸른 하늘처럼 맑은 얼굴을
오늘이 마지막 날이라 차마 접을 수가 없습니다

아침이면 이슬방울로 맺혀
내 모습을 감싸 안고 다시 이슬이 될 때까지
참고 기다리는 당신을
깊게 진하게 오래도록 이 가슴에 묻으렵니다

촉촉하게 스며드는 당신을
이른 새벽 숲속을 헤메더라도
이 한 몸 푹 적시고
당신을 느낄 수 있는 오늘이 된다면
어제처럼 오늘도 나에겐 행복한 날이 됩니다.

그대 그리운 날에는

화가는 아니라도
눈앞에 그릴 수 있는
당신 모습이 있습니다.
사랑을 보내는 그 눈빛을
달콤한 사랑을 맡을 수 있는 그 코를
뜨거운 입김을 보내는 그 입술을
추운 겨울에도 따뜻하게 피어나는 그 미소를
그리움 속에서 당신이 피어나면
난 언제나 화가가 됩니다.

아지랑이 피어나는 봄날에는
산들거리는 봄바람에 날리는 연 색 원피스에
진달래 꽃잎을 입에 문 당신을 그려봅니다.
보라색으로 물들어 가는 당신 입술을 그리다가
살며시 포개지는 내 입술을 그려봅니다.

파도소리 들리는 여름날에는
긴 백사장을 걷는 당신을 생각하며
당신이 남긴 수많은 발자국을 그려봅니다.
하얀 파도에 흐려지는 발자국을 아쉬워하며

뒤를 따르는 깊은 발자국을 그려봅니다.

코스모스 피는 가을날에는
떨어지는 낙엽을 바라보며
눈물짓는 당신 모습을 그려봅니다.
너무 슬픈 계절이라고
너무 아픈 가을이라고
울먹이는 당신을 그리다가
떨어지는 내 눈물을 방울방울
코스모스 꽃잎에 그려봅니다.

눈 내리는 겨울바다를 그립니다.
눈을 맞으며 걷는 당신이 그려지고
지난여름에 남겼던 추억을 따라
사라진 발자국을 다시 그립니다.
그리고 저 앞에 눈을 맞으며 기다리는
하얀 내 모습이 당신 앞에 그려집니다.

그렇게, 우린 다시 만나고 있습니다.
하나의 눈사람이 되어 하얗게 서있습니다.
하나의 눈사람으로… 하얗게…

당신이었으면 좋겠습니다

세월이 지나
강산이 다시 변해도
하루 종일 툇마루에 앉아
기다리는 사람이 있다면
당신이었으면 좋겠습니다.

주름진 얼굴에
반갑게 잡은 두 손이
옛날처럼 보드랍지 않더라도
백발이 된 나를 찾는
한 사람이 이 세상에 있다면
당신이었으면 좋겠습니다.

강가 작은 황토 집에
산 위로 해 뜨고 지는 곳
깊은 산골이라도 마다 않고
총총 걸음으로 강 건너는
사람이 있다면 바로
당신이었으면 좋겠습니다.

목소리만 들어도 반갑고
만나면 옛날처럼 행복해지는
설레는 마음을 안겨주는 사람
세월에 변해버린 모습이라도
수족이 야위어진 나를 찾는 사람
바로, 당신이었으면 좋겠습니다.

강물 소리에 밤은 깊어가고
같이 있으면 추억도 많아
밤이 새도록 애기를 나눠도
날이 밝아도 피곤하지 않은
나와 그리고
당신이었으면 좋겠습니다.

겨울에도 꽃은 피는가?

살을 에이는
눈바람이 불어오고
온 세상이 하얗게 되도록
꽁꽁 어는 추운 겨울날

나의 가슴 속
작은 정원에는
보지 못한
꽃 한 송이 피고 있다.

햇빛 없는 날에는
당신 미소가 해가 되고
세상이 하나로 얼어 가도
당신은 내 몸을 녹인다.

따뜻한 품속에서
커져 가는 파란 잎
하얗게 매달린 꽃망울
당신의 입김을 받아

세상이 얼어 가도
가슴에 심어진 꽃나무는
겨울에도
이렇게 꽃은 피는가 보다.

새벽 기도

두 손을 모은
당신의 간절한 마음
떨리는 입술을 타고
하늘로 오릅니다

작은 기도 소리
새벽 별빛을 타고
아직 열리지 않은
하늘을 두드립니다

이슬방울 깨어나는
이른 새벽
당신의 기도가
하늘로 울려퍼집니다

들어주시옵소서
병든 자에게 건강의 축복을
불행한 자에게 행복을
가난한 자에게 물질의 축복을
사랑이 없는 자에게 사랑의 축복을

내일도 오늘같이
간절한 기도를 들어 주시옵소서
그리하여 내 마음의 기도가
당신의 간절한 기도가 되게 하옵소서

초대시

강희근
지성찬
이승하
공광규
지 순
정용화

T.V

강 희 근

댓바람에 공이 어느 쪽 문으로
두 번이나
흘러들어갔다

꺼졌다,

공이 안 보이는 어디론가로 가야 했다
맨몸 부끄럽지 않은
목욕탕으로 가서
혼자,
뜨거운 물속으로 잠겨 들어갔다

세례 갱신하듯이 깊이, 깊이
잠겨 들어갔다

하회(河回)마을 소고(小考)

지 성 찬

차마 이 땅 범할 수 없어 강도 돌아 흘렀거니
대대로 이은 핏줄, 뿌리 내린 천년 세월
내당(內堂)의 대청마루에 가을볕이 고와라

아가의 눈빛으로 감꽃이 피어난다
노을빛 가슴에 담아 잘 익은 붉은 홍시
늦가을 서리 아침에 꽃빛 보다 넘치네

강가의 병풍바위 누가 세운 그림일까
노송이 앞에 서서 비바람을 막고 있네
물빛도 너무 맑아서 다가설 수 없어라

구름도 여기에선 한 송이 꽃으로 핀다
북녘으로 가는 철새는 하루 밤 인연에도
가슴에 그림 한 폭을 가슴에 품고 간다

종갓집 쪽마루가 금이가 벌어졌어도
아직도 섬돌 위에 반듯이 놓인 신발
빛바랜 족보 글씨가 아직도 선명하다

가을의 뒷모습

이 승 하

나도 저 낙엽처럼
깨끗하게 헤어지는 법을 배워야겠네
여름 내내 떨어지지 않을 것처럼
꼭 붙어 지낸 나뭇가지와 잎사귀
바람 부는 날
서둘러 헤어지는구나

그대 뒷모습을 오래 보았지
한 번도 뒤돌아보지 않고
인파에 휩쓸려 사라져버린 그대
쓸쓸한 등이 눈에 밟히고
잘 지내요
힘없는 그 말이 귓가에 맴도는데

나 이제 이 거리를
혼자 걸을 수밖에 없다
낙엽처럼 이리 몰리고 저리 헤매어도
한 번 간 여름은 다시 오지 않으리
그대 쓸쓸한 뒷모습을 기억하는
겨울이 온다 앙상한 가지만 남을 겨울이

소주병

공 광 규

술병은 잔에다
자기를 계속 따라 주면서
속을 비워간다

빈 병은 아무렇게나 버려져
길거리나
쓰레기장에서 굴러다닌다

바람이 세게 불던 밤 나는
문 밖에서
아버지가 흐느끼는 소리를 들었다

나가보니
마루 끝에 쪼그려 앉은
빈 소주병이었다

사흘의 힘

지 순

넘어지든 쓰러지든
뿌리 채 뽑혀 다른 곳으로 옮겨지든
사흘을 견디면 일어선다

올 봄 새로 심은
물망초, 백합, 작약…
옮겨 심은 팔다리 축 늘어뜨리고 주저앉아
즉은 듯 시든

사흘 만에 일어섰다
한 모금 물다운 물 마시지 못했으나
밤이면 내리는 이슬을 받아 목을 축이고
땅이 내 준 따뜻한 품에 의지해
사흘을 버티고 일어설 힘을 얻었나

우리를 위해
십자가에서 돌아가신
예수님께서 사흘 만에 부활하신
거룩한 그 뜻을 알겠다

죽은 듯 시들어 엎드려 있는
목마른 자, 목말라 힘이 없는 자
모두 무거운 사흘만 버티면
나자로처럼 일어서리라

아직 따뜻한 땅이 있으니
햇살이 있으니
신의 은총 같은
세속의 밤에도 내리는
성스러운 이슬이 있으니…

빗방울은 먼 곳을 품고 있다

정 용 화

너는 비가 오는 풍경에서 비롯된다 저녁의 부드러운 속살로 텅 빈 마음의 여백마다 빗방울이 머문다 비가 오는 날에는 귀로 더듬는 세상이 종이 위에 잘 그려지지 않는다 마음의 오지에서 소멸해버린 기약들, 어쩌면 사랑은 모서리 위에 불시착한 詩다 드문 일이지만, 대책없이 주저앉아 바라보는 것만으로도 배경이 될 수 있다면 기다림은 풍경으로 마무리된다 저물녘, 사물이 구체성을 잃어갈 때 빗방울은 어둠으로 완성된다

1부

산청문인협회

가을

박 영 자

가을 빛
뚝뚝 떨어져
단풍잎 발그스레
새댁의 볼 같은데

후두둑
톡
톡
가랑잎 밟으며
창문 흔드는
빗소리
빗소리
도랑물 흐느끼듯 흐르고

푸른 솔잎 가지 사이로
가을이 눕고
참대나무 숲은
신명나게 겨울을 세울 거라고
하늘을 향해 무한히 기다리는가

올곧은 마음이고

山天齋

양 곡

智異山에 天王峰 있어
하늘과 땅 사이
내가 있네, 진정
배움도 가르침도 없이
우뚝 梅花 한 그루 심어놓고
우뚝 橡亭 하나 세워놓고
鐵馬가 달리는 세상이 오면
獨也靑靑
獨也靑靑

홍류동 단풍

정 동 교

가야산 해돋이
고운 빛 자아내어
물소리
바람소리
장단에 맞춰
손끝 불며
고이 짜서
청자하늘아래
결고운 비단같이
은은히 펼쳐놓고
석양에 임 그리는
그리는 맘이 탄다
그 순수가 탄다

거처

조 종 명

구곡산을 바라봅니다
소천에 발을 씻습니다
천왕봉은 아득히 멉니다
산은 산이고 물은 물인데
바라보는 산
가슴에 담는 산
발을 씻는 물
마음을 씻는 물이 다른가요
和恒直方
忠信修辭
문을 닫고 앉아 있습니다

고향 풍경

이 용 호

내 고향 덧뻔덕
푸른 잔디 들판엔
송아지 울음소리 한가로웠지

밤 산에 밤알이 터지고
초가지붕 조롱박이 익을 때면
아궁이 군불 지피는 어머니

기러기 떼 지어 하늘 높이 날고
바람에 일렁이는 억새꽃 손사래
사랑방 가마솥에 소죽 끓이는 아버지

서산마루 소나무 긴 그림자 늘어트리면
횃대타고 곡예 하는 씨암닭
갈 길 먼 나그네 마음은 서러워라

하루살이 인생사

이 용 호

황톳길 따라
꼬불꼬불 꼬부랑
산 위에 오르니
밝아오는 아침노을에
주름진 이마들이
손사래를 친다

안개 낀 신작로(新作路)
희망버스 달린다
경적을 울리며
소리는 남겨두고
저만 혼자 달려간다
하루살이 인생사

지리산 연가

김 태 근

앙상하게 서 있는 고사목 사이사이로
끝없이 펼쳐진 철쭉의 향연
천왕봉 그 아래 바래봉 허리를 휘감는다
타오를 듯 타오를 듯 몸부림치는 저 분홍 물결
소리 없이 사라져간 역사의 영혼인가
수백 년을 이어 온 인고의 세월인가
어디까지 누구에게 닿으려고
저토록 사무치게 일렁이는가

낮게 더 낮은 곳으로 흐르는 물소리 따라
푸른 강가에 닿으려나
복숭아 빛 석양으로 물든 하늘가에
길 잃고 서성이는
그들의 아픈 영혼을 달래주려나
피고 지는 세월로
쪼그라진 내 어머니 젖가슴에 닿으려나

온 육신 파래지도록 멍들었다가
순간순간
폭포처럼 뿜어내는 정열의 꽃이여
불타는 영혼이여

오늘도
지리산의 봄은
연분홍 진분홍으로 물결치는구나
사무친 그 한마디 못하고
가슴으로 가슴으로 물결치는구나

젖은 낙엽

송 귀 준

은행잎
노랗게 길바닥을 덮었다
한 해 동안 강풍 견디며
나무 위해 일한 보답이다

신록의 때에 싱그러움
희열
나무의 모두였다
세상의 모두였다

베풂을 보답하려
싸워가며, 햇빛 더 받으며
강풍도 폭우에도
온몸을 내맡겼다

낙엽이 뒹구는
공원벤치에
담배연기 자욱한 골방에
뒹구는 젖은 낙엽
그래도, 아름다웠던 날들 꿈꾼다

푸르럼을 자랑하는
편백나무 바라보는
낙엽
이마에 해님이 싱긋

흙

윤 덕

누구나 순환하는 고리다

새파랗게 누렇게
자리매김하다 돌아가는 거처지
할머니도 돌아눕고 큰아버지도 돌아누웠다
사방에서 물씬 풍겨오는
흙내,
그 곳에 묻혀 살던
아버지도 서서히 몸이 삭고 있다

지기地氣 가득한 산등에는
봄이면
이름 모를 꽃들이 또 흐드러지게 핀다

산청 구절초

이 산

누군들
다른 이에게 잊어지고 싶겠는가
동의보감촌 너드랑에 다시 피는 구절초

하늘이 산속으로 내려와서
한바탕 펼친 잔치,
오늘은
바람조차 기척 없는데

지리산에서 분가(分家)하여
에워 솟은 필봉, 왕산,
넘쳐나는 氣 받으러 오고간 자취마다
애달픈 기다림에 달로 뜨는 흰 그리움

누군들
당신에게서 잊어지고 싶겠는가

2부
남가람문인협회

혹

박 우 담

모래 먼지를 뒤집어쓴 낙타의 눈은
사막의 달
달력의 스프링처럼
어제에서 오늘로
오늘에서 어제로 이어지는
혼돈의 찌꺼기
바람이 수습하지 못하는 생의 이력서

시간의 혹을 등에 진
낙타 한 마리
허름한 담벼락에 기댄 채
모래밭에 오아시스를 구겨 넣고 있다

관(觀) · 246

- 초원의 별

류 준 열

어둠 짓누르는 몽골 아르부르드 초원, 적막 감도는 자정 게르 옆 풀밭, 온갖 조화 빚어내는 삼라만상의 신비 눈앞에 펼쳐지다.

검은 하늘 점점이 박혀 빛나는 푸른 보석별
하늘 가로지르며 고요히 흐르는 은하수
내리꽂히는 유성의 아스라한 꼬리
꿈속처럼 아련하게 떠오르는 노란 조각달
어둠 깔린 적막의 초원
바람 스치며 일어나는 풀잎의 은은한 소리
낯선 짐승의 카랑카랑한 울음소리

천상의 별무리 눈앞에 다가와 너울거려 두려움과 고적감 사라지다. 앉은 자리는 별로 가득한 별천지
눈앞에도 별, 정수리에도 별, 마음 한 가운데도 별이다.

구름의 등

정 푸 른

당신의 뒷모습은 우기를 지나고 있다
아무도 모르게 태어나고 사라지는
물의 생애가 거기 모여 있다
등줄기를 타고 내려오는 쓸쓸함은
물이었다가
공기였다가 다시 물로
세상의 모든 파문을 이끈다

가마니

정 인 옥

곤히 잠든 쪽비녀
베갯낫 흔드네
새내기 갈바람 겹도 없이
가마니틀 씨 날줄 이음소리
찰칵 찰칵 찰카닥
볏짚 물어 가는 소리
이 가마니 완성되면
천석 만석 채워주소
어머니
가난 쫓아 내는 소리
서러운 소리

물 앵 두

박 영 숙

너는
물앵두 익는 빨간 오월에 왔다가
국화꽃 피는 노란 시월에 떠났다

서른 네 송이 카네이션은
고스란히
피멍으로 변하고

응어리진 시린 가슴
물앵두 익는 붉은 오월

봄

변혜연

산이 운다.
바람 자지도 않고 밤 새 창문을 두드린다.
비명에 가깝다.
얼음장 밑, 단말마 같은 봄이 돌아온다.

3부
한국시사랑문인협회

멍에

배 종 대

새벽이슬을 신고
쟁기질 하시던 아버지는
다랭이 밭모퉁이에 앉아
땀 냄새 나는 베잠방이 벗어
바람벽에 걸어둔다

아직 깨어나지 않은 새벽이
밭이랑으로 걸어올 때
허리춤에 달라붙은
세월의 언저리 만지며
곰방대 담배 잠겨
하얀 세월을 태운다.

이러, 이러 하는 쉰 목소리
뗑그렁거리는 요령소리는
바리톤 화음이 되어
늙은 성악가의 노래로 불리우고
새벽 물리친 햇살이 비치면
소쩍새 슬피 울어 봄날이 가는데
아버지의 봄은 언제 다시 올지

구부러진 멍에위에 우리를 얹고서
이러, 이러, 하면서 이러고 있다

이러. 이러, 이러. 이러, 이러

나의 봄

姮娥 김계선

꽃 사태 어지럽던 그 해 그 봄날처럼
마음의 빗장 열고 나가 달려 보고픈
그 긴 겨울 참고 견딘 한 모금 그리움
물오른 가지마다 할퀴어 쓰린 자욱
그 생채기에도 꽃은 필까요

까맣게 말라 죽은 소망의 씨앗.
가랑가랑 봄비 맞고 깨어날 때
퍼석한 가슴에 불질러 볼까요
연둣빛 밭고랑에 몰래 심어둔
어여쁜 양귀비꽃으로 피고 싶은 맘

흉보지 마세요
한 번쯤 봄 같은 미혹에 취하여
어딘가로 흘러서 닿고 싶은 맘
제 탓 아니에요
화냥기 같은 봄 탓이죠

해변에서 만난 연인들

김 영 문

가끔 해변을 거닐다 보면
연리지(連理枝)를 시샘하듯
연인들끼리 손을 잡고
무엇이 그리 우스운지
여자는 표정 관리하면서 꽁냥거리고
남자는 그저 좋아서 웃음으로 답한다.
화답하는 저 웃음소리는
지금은 모른다.
훗날, 저 두 사람이
행복과 불행이 도사린
장밋빛 인생 늪 속으로
빨려 들어가는 신호라는 것을.

수렵도

천 향 미

누가 몸짓을 담보로 목청을 벤다 짐승의 맞물린 어금니 사이로 지나가는 인간들을 본다 적막을 가득 베어 문 아가리를 들추는 무사의 칼끝이 좌판을 분주하게 오가는 발굽소리를 불러 모은다 저마다 피를 흥정하는 그곳에 가지런한 살점, 여전사의 현란한 활시위에 비린내가 바다로 뛰어든다 투망 후려치듯 죽음을 호령하는 갑옷 입은 여자 비명 한 자루를 번쩍 들었다 내리친다 생선비늘 흩어지고 으스러진 뼛조각이 잃어버린 성대의 바코드를 새기는 동안 바닥만 전전하던 남루한 하루가 퇴적층으로 쌓인다

수세기에 걸쳐 화석이 된 벙어리 여자를 읽어낸 지질학자는 없다 아무리 해독하려고해도 저 다문 입술을 증명해 보일 수는 더욱 없다

얼룩

박 수 연

며칠 전부터 현관 앞바닥에
물방울무늬의 얼룩이 보인다.
식구 중 누군가가 흘렸을지 모르는
하얀 바닥에 난 서너 개의 얼룩.
눈살을 찌푸리게 함에도
게으름으로 며칠이 지난다.
얼룩이 신발에 묻어온 덧칠에
까만 점이 되고서야 걸레를 들었다.
현관 앞 마루 문턱 앞에 쪼그리고 앉아
닦고 몇 번을 닦은 자리
또 까만 점이 보인다.
일어나 멀리서 본 그 자리 멀쩡하다.
다시 앉아보니 또다시 까만 점.
몇 번을 앉았다 일어났다
그제야 내 발가락의 그림자임을.

아.
짧은 깨우침.
살아오며 만든 수많은 내 얼룩.
업장으로 돌아올까?

잠자리

김 종 호

풀잎에 이슬 내려
잠 자리 불편한지
창틀의 방충망에
반반(半)자를 쓰고 있다
안과 밖 어디서 봐도
네 모습은 반이로군

신의 마음

시동 송유천

그곳에 있음도 향기이며
여기 있음도 모두 향기라
이 모두가 네게서 오는 것이니
나는 너의 최선을 바라볼 뿐이다
이것이 나의 세상이다

가을 소꿉놀이

이 정 희

바람이 스산하지만 쓸쓸하지 않은 가을
낙엽 위로 내려앉은 햇살이 더없이 정겹다.
사립문 앞 개울에는 맑은 물 흐르는 소리
그 속에 이리저리 다슬기 놀다간 흔적이 어지러운
전형적이 시골풍경

배추와 무, 김장거리 다듬어 놓기도 전
무엇부터 해야 할지 마음이 더 바쁜데
밭둑에 파릇한 냉이가 가을볕에 봄인 양 눈길을 잡는다.

가만있어 봐라.
그것보다 양지에 새순이 뾰족한 머위순 웬일이야
가을인지 봄인지 분간을 못 하겠네
냉이에 머위순
된장, 고추장, 참기름 넣고 조물조물 맛있게 무쳐 저녁상에 올려야겠다.

손놀림 빠르게 한 봉지씩 캐어 담고
돌담에 핀 노란 국화꽃 두어 송이 꺾어 차에 실어두었다.

한차례 선박골과 진덕밭으로 휘돌아 내려오는데
고향의 가을볕은 짧기도 하지
이만하면 가을 소꿉놀이가 제법 쏠쏠하다.

풀 향기

조 완 상

산기슭에 오르려니 풀 향기가 안겨온다.
예초기 소리가 공원 뜰을 갈아 놓았네
반가운 풀 내음이 분명한데도
섞여있는 독한 냄새에
함께하며 즐기기는 쉽지 않구나.

고향땅 들판에 소 몰고 나가
맛있고 좋아 하는 풀을 뜯기며
지고 간 지게에 꼴 베어 얹어 놓고
지게 머리에 누워 풀피리 불었을 제
잊지 못할 그 내음은 향기롭더니
버려진 인심에 풀 향기 마저 독해졌는가

4부
한국스토리문인협회

그대 마음을 닮은 들길

권 금 주

발끝에 스치는 아침 이슬 따라
꽃무리 예쁜 들길을 걷습니다
짙은 꽃내음 풀내음에 흠뻑 젖은 길
들꽃들이 서둘러 하루를 엽니다

이슬 한 방울로 밤새 쌓인 먼지 털고
이슬 두 방울로 꽃망울 활짝 열고
이슬 세 방울로 곱게 맵시 내고
바람결에 살며시 기지개를 폅니다

여리고 가냘픈 들꽃들의 몸짓
하늘하늘 춤사위가 시작됩니다
그대 마음을 닮은 꽃내음 은은한 길
두 손 꼭 잡고 도란도란 걷고 싶습니다

나는 어디로 갔나

권 순 진

허약한 가장으로 매일 공염불로 살아가는 도시의 칸막이 쳐진 모서리
아침에 배달된 신문은 이빨 자국만 남긴 채 묶여서 버려지고
멍한 수상기 앞의 빈 웃음을 수습하는 일이 밤마다 처참하다

긴 꿈 다 말아먹고 견주어볼 짧은 것조차 남지 않은
그래서 보여줄 것 없이 구멍 숭숭한 일백오십 근
어디 내 몸 받아 줄 몸, 내 몸 받아 데워줄 그 누구도 없이

자고 일어나면 요한 모리츠[2]가 되고, 피노키오의 코가 되어
마른 활자들 사이를 헤매다가, 그럴듯하지는 않고
그럴듯하게 보여 질지는 모를 그 무엇에 남은 생 다 걸며
도모하다 사모하다 꼬꾸라진다

도대체 여기는 어디며, 나는 어디로 갔나

---

2)요한 모리츠 - 게오르규의 소설 '25시'에 나오는 인물

벽

– 생전의 천상병 시인을 생각하며

권 영 춘

널따란 세상에서
바람은 자유롭게 벽을 넘어 풍요로운
내일을 헤쳐가고 있다

그가 길을 잃고 헤매는 떠돌이가 되었을 때
땅은 그의 발목을 붙잡아 놓고 자전만을 계속했다
암흑으로 둘러싸인 그의 힘겨운 작은 세계가
가슴 한구석에서 마디마디 자라고 있다는 것
어느 날 그가 스스로 쌓아
놓은 탄탄한 작은 궁전을 허물기 위해
망치와 곡괭이와 삽을 들고
궁문 앞으로 달려갔다
그는 아예 문을 굳게 닫고 열어줄 기미를 보여주지 않았다
오랜 시간 그가 허물 수 없는 흔적이
또 하나의 벽 안에 숨어있었기에

아니 한번쯤은 그 안의 험악한 세계가
와르르 무너질 수 있는 기화만을 기다려왔다
마음을 다잡고 그에게 살며시 다가섰다
갈라진 작은 틈 사이로 그가 고개를 내밀었을 때

유리창의 아침햇살처럼 세상은 부활을 꿈꾸기 시작했다
그의 체온이 손등을 타고 서서히 내려올 무렵
심장은 다시 뛰기 시작했다
다가갈 수 없는 그만의 작은 궁전의 철책이 사라져 버린 날

그는 바람처럼 푸른 벽을 뛰어넘어
삶은 다시
봄날의 일상으로 돌아왔다

백제이야기 · 6

–백마강

고 광 선

천도 마그마 가슴에 얹은 야장,
뼛속까지 내리는 어둠이 무서웠다

잘그락거리는 난쟁이의 손에서
수 만 번의 망치질에 풀무질까지
맨몸으로 견디다 실신을 하면
물과 불로 번갈아 고문도 했다

가끔,
백마강 시퍼런 얼굴이
쪽머리를 올린 절벽난간
물안개 무성히 초록피를 씻고
낮빛에 기가 질린 아낙들이 파르르
단별, 옷을 벗고 목욕을 했다
황토침실에 차례로 몸을 누였다

음식보다 피를 좋아했던
군주의 수라상
수라상은 가끔 수라장이 되기도 했다

솔갈비

김 매 절

갈비갈비 솔갈비 오밀조밀 메밀꽃
탱글탱글 촉수머리 철쭉 꽃술 댕기 머리
초록빛 걸친 옷가지 사이로 초롱초롱 햇발이
섬섬하다
툭잘린 나무통 널브러진 여물통

듬성듬성 패여진 나이테 길손에게 내 주는 자리가 되고
살랑이는 꼬리 바람 남겨진 꽃잎 후두둑후두둑 떨궈낸다

동선 이은 계절의 몸부림 아 솔향기 바람 마구 안고 오던 길
너만 온줄 알았더니 그렇게 떼어 놓고
돌아 왔건만 솔갈비 하나 기어이
내 머리 위에 올라 앉아 왔구나
검딱지 같은 녀석
시끄러운 세상에 너도 잠시 쉼을 얻고
싶었는가 보다

쭈뼛 서는 이 느낌 그렁이며 의연히도
앉아있구나
또 한 번의 작별을 고하고 나서야
딩동댕 평정의 심사가 끝이 날 모양이다

새, 드러눕다

김 무 늬

시장에서 사온 우럭을 다듬다가
문득 지느러미를 보며 물고기는 새가 아니었을까 생각한다
태초에 바다는 물이 없는 사막이었을 것이다
수억만 년 동안 자전과 공전에 의해 서로 뒤엉켰을 것이다
물고기들도 한 때는 넓게 펼쳐진 날개가 있어
사막의 끝과 끝을 힘차게 날아다녔을 것이다
지구 구석구석을 힘차게 요동쳤으리
오랜 세월에 진화된 날개는
지금의 작은 지느러미가 되었으리
양 지느러미에 가슴과 꼬리날개
날개를 몇 개씩 달고 있는 물고기가 누워있다
지쳐 있는 두 동공엔 수천만 년 동안 견뎌온
그들의 푸른 날들이 영상처럼 스치운다
커다란 눈망울에는
바다의 역사가 그렁그렁 쓰여 있다.

소주 한 병에는

김 방 주

빈집에서 홀로 소주 마시는 김순진 시인의 사진을 봅니다

아들이 처음으로 아버지를 위해
만들어준 야외용 침대인 나무의자가 보이구요
모처럼 맛있는 것 사드리려고 시골집에 온 딸의 모습도 보이구요
소설가들 세미나에 마이크 잡고 인사하시면서
노래하시고 하모니카를 부르시는 모습도 보이구요
병원에서 이제 내가 더 할일은 무엇이 남아있을까 걱정하시며
꿈을 꾸시는 모습도 보이구요
아버지 안 계시는 시골 집 벤치에
혼자 앉아서 훌쩍거리며 우는 모습,
하얀 강아지 네마리 서로 어루만지며
언제 할아버지는 집에 도착하시려나
기다리는 모습도 보이구요
언제쯤이면 웃는 모습으로 강의하실 수 있으려나
어려워서 묻지도 못하는 나이 든 학생도 보이구요

지금은 야외용 침대 만드시는 모습을 상상하며
모여드는 사람들이 많아지고 있네요

억새꽃 노래

김 상 만

때로는 그리움도 놓아버리고 싶은 가을날
하늬바람에 영혼의 꽃들이 왈츠를 추며 반기는
하늘 정원 억새의 평원에
꾸밈없는 영원의 몸짓에 가슴을 열어 본다
그대 그리며 지친 가슴에
사르락사르락 영원의 소리가
진종일 미소 지을 수 있는 활기를 심고
한 오리 몸을 흔들어 자유를 만끽하는
너의 곁에서
가을의 향연을 온몸으로 느끼고 싶다
너의 가슴은 바람에 하얗게 나부끼고 싶은 사유
나의 가슴은 바람 따라서 흘러가고 싶어
두 팔 벌린 가슴에 벅차오르는
영혼이 부드럽게 일렁이는 푸른 해원의 종소리
서산마루의 저녁놀 하루의 피날레를 장식하면
가슴에 여울지는 황금물결
영혼불멸 가을의 시를 청명하게 노래한다

덕분입니다

김 수 영

내가 고생하면서도 버틸 수 있는 건
좋은 날이 오겠지 하는 희망 덕분입니다

내가 나를 사랑하는 건
내가 봐도 내가 잘 생겼다는 착각 덕분입니다

내가 나의 미래를 꿈꾸는 건
지금보다야 좋지 않겠어 하는 설렘 덕분입니다

내가 즐기고 함께 공유하고 살 수 있는 건
나를 좋아하고 지켜주는 친구 덕분입니다

내가 웃고 살아 숨 쉬는 건
낳아주시고 길러주신 부모님 덕분입니다

나를 아는 모든 분이나 나를 모르는 분들까지도
여러분 덕분에 제가 존재합니다

모란에게

김 순 진

모란아 어디 갔다 왔니
아버지 꼴 한 짐 지고 들어오니
네가 장독 뒤에 숨어서 웃고 있더구나
모란아 무얼 먹고 싶니
오늘은 메밀부침 해먹으련,
어머니 마당가 학독에다 홍고추 갈 때
배고픔을 참고 실웃음을 웃더구나
벌써 혼자서 그렇게 예쁜 미술숙제를 다 했으니
저녁엔 개울가에 나가 별똥별이나 보러가자
꺼먹고무신 신은 여자아이의
깜장고무줄 같이 즐거운 이름, 모란아
수건 두른 어머니 화덕아궁이에
부지깽이로 들추던 불꽃같은 모란아

귀천 소풍

김 원 식

지리산 소풍을 간다
눈과 귀를 가시러 중산리 계곡에 간다
문자로 함부로 지은 죄
씻은 듯 부신 듯 첫 마음을 헹구러간다
청대 섶 귀천시비가 대붕처럼 날아오른다
이내, 운해를 들치고 내려오는 천왕봉
두류산 자작시를 큰물소리 내며 읽는다
귀천이 여기 사는 이유며
소풍객 잦은 까닭 이제사 알 법하다
만 천백 일흔둘의 문자로 그린 시월
세상의 여백은 단풍 든 시로서 충분하다
내 詩살이 끝내는 날
한 마리 청새 되어 귀천길 노래하며 가리라

취한 말들을 위한 시간[3]

김 영 선

차가운 고지를 넘나드는 비틀거리는 삶
하얀 발자국을 남기며
오색실 찰랑이며
취한 시간을 즐기며 가는 길
말이 없구나

가난하다는 건
따뜻한 난로 앞에 서로를 모이게 하는 것
나의 누이도 나의 형제도 모두 다
따사로운 난로 앞에서 평화로이 잠드나니
우리는 행복한 가족
꿈꾸는 천사들

너의 하얀 웃음이 날 울려도
슬퍼할 시간조차 없는 삶
네 눈 속에 쓰여진 사랑의 말이
내 가슴을 취하게 하는 시간이다

---

3) 이란의 고흐만고바디 감독의 영화 제목과 동일함

취한시간은 희망의 시간
세상 저편에서
너는
희망을 따라 비틀거리며 오늘도
말없이 고지를 넘는다

엄마네 집 홍매화

김 윤 득

울 엄마 산소 앞에 홍매화 한 그루 심었는데
옆 동네 염소농가에서 염소가 탈출하여
꽃망울이 채 피기도 전에 다 먹어치웠다
봄 여름 가을이 가고 또 겨울이 가도록
홍매화는 초라한 모습으로 앙상한 가지만 고이 간직한 채
산소 앞 동백나무 아래서 쓸쓸히 겨울을 보내고 있다
우리 사람도 저 홍매화 같은 삶을 살아간다면 어떤 모습일까
올 봄에는 저 홍매화에게 정을 다주어
더 붉은 봉우리를 토하게 해 그 한스런 향을 봐야겠다
남들은 붉은 홍매화를 보았건만
울 엄마는 2년 만에 볼 작은 홍매화는
어떤 보습으로 엄마 곁으로 향할까

엄마에게 염소 잘 지키라고 기별을 넣어야겠다

밥상

김 상 호

멍석을 편다
깊은 산에서 도를 닦고 온 사람
텃밭에서 봄바람을 타고 온 처녀
인당수에서 용왕이 보낸 사람
마을 앞개울이나 강에서 살던 사람이 모였다

자연의 기를 받고 계절에 단련된 나물총각
텃밭에서 온 아리따운 피망처녀
용왕이 보내서 온 미역아가씨
오대양을 누비고 온 등 푸른 고등어총각
개울이나 강에서 살던 미나리아가씨
이 소식을 듣던 육지의 누렁이와 꿀꿀이 촌노村老가
귀한들 나보다야 귀할소냐, 으름장을 놓는다

안주인은 45년간 멍석을 펴고
산과 바다를 돌며 이사람 저사람 모셔다
나의 건강한 기를 보존케 한다
싸워도 늘 손님을 모셔다 밥상을 차리니
그 고마움 어찌 다 말할까

낙엽

김 선 영

나는 어머니 뱃속에서 탯줄잡고 매달렸다
뱃속에서 태어나선 젖줄잡고 매달렸다
험한 세상살이 부모님 손에 매달리고
이젠 남편 품속에 매달린다
자식에게도 매달려 보지만
자꾸자꾸 밀려나네
달리기만 하는 말없는 세월 앞에
모든 걸 내려놓고 아양을 부려도 보고
생긋생긋 웃어도 보지만
서럽기 한이 없네
나는 매달리는데 이골이 났다
오늘도 떨어질까 두 손 꼭 잡고
이 악 문다

흥, 내가 떨어지나 봐라

노방초를 추도하며

김 재 수

가난을 직업으로 막걸리 벗을 삼아
詩향기 바람타고 유유자적 하였으면
행복이 별거더냐 심중에 있는것을
한많은 세상소풍 아름답다 말하리라

눈같이 천진한 빛 자유구가 路傍草는
죽어가서 새가되어 천상 나무 벗이되어
세상사 노래하는 옥같이도 낡은 목청
정녕코 천상 시로 잔잔히 남겼어라

티없이 매료시킨 노방초 시문향이
눈 같은 발꿈치로 즈윽히 저며오니
달빛노래 물결위로 은은히 흐르는데
노방초 문학제는 햇귀처럼 뻗치는데

풍물

김 종 웅

신설동 풍물시장에서 풍물을 본다
오랜 시간동안
풍물이 되어 온 것들이
서로를 얼싸안으며 도란도란
풍물이 되지 못한 것들에 대해 이야기를 나누고 있다
하나의 풍물이 되기 위해서
일직이 갈고 닦고 연마의 길
세상은 그들에게 희망의 끈을 놓지 않았다
모두가 가고자 하는
풍물은 길이다
네 가슴 내 가슴을 열어 밀고 가는 우리들의 길이다
덩더쿵 덩더쿵 어깨춤에 얼쑤. 추임새를 넣어
자손만대에 물려줄 밝은 길이다
나는
파전 하나 코다리찜 하나 묵사발 하나 놓고
풍물시장에 앉아 풍물을 본다
새치름히 풍물들의 눈에서 푸른빛이 난다
오래될수록 빛이 되는
서로는 어울러 애써 길은 되었다
막걸리와 소주와 맥주가 돌아가며 풍물이 되고

이웃고
나도 풍물이 되어 풍물 곁에 눕는다
풍물이 나에게 어깨를 내어준다
아버지의 할아버지 그 할아버지의 어머니께서
어처구니도 없는 맷돌을 돌린다
뚝딱. 모락모락 김나는 모두부에 코를 흥흥거린다
일을 끝낸 사람들이
연장이며 도구며 풍물을 들고 풍물 속으로 들어간다
남사당 패들이 첫마당을 열고
우루루 풍물을 치며 산천을 넘어 넘어
끊어지지 않을 길넘이를 한다

진동

김 태 호

폴더 폰이 가슴으로 울린다
앞이 침침한 할머니는 목걸이처럼 가슴에 품고 사는 폴더를 열고
발신번호 검색하지만 희미한 불빛은 기억도 흐리다
엉겁결에 수화기를 꾹 누른다
"할머니 밖에 나가지 마세요 눈 많이 와요 미끄러워요"
기저귀 갈아주고 유모차 태우고 우유병(젖꼭지) 물리며
업어 키운 손자가 다급하다
지금은 삼각산 너머 울리는 그리운 목소리다
할머니는 인수봉을 단숨에 넘고 싶은데 눈발이 앞을 가린다
젖먹이가 어느새 백운대 만치 우뚝 커서
아비어미도 하지 않는 걱정이 태산이다
할머니는 폴더를 가슴에 꼭 품는다
할머니 사랑해요
또다시 문자가 가슴을 울린다

묵사발

김 태 연

오후 4시 스토리문협 임원모임 끝나고 찾아간 풍물시장
해물전에 이어 황태 찜이 나온 목로주점
냉면 대접에 푸짐하게 담겨 나온 묵사발엔
얼음 동동 뜨고 김 가루가 솔솔 얹혀있다
앞 접시에 분배 된 금세 비워지고
시원한 막걸리 두세 병도 금방 바닥을 드러냈다

빈속에 막걸리 한 잔으로 알딸딸해진 눈앞 저만치서
행주치마 두르고 다가오는 엄니 모습이 선연하다
오늘은 묵을 쑬 테니 점심 먹으러 집으로 오라신다
땡 땡땡, 점심시간을 알리는 종소리
그 소리가 멎기 바쁘게 600여m를 달린다
엄니는, 채 식지도 않은 묵을 곱게 채치고
양념장 얹고 참기름 한 술 곁들이고
그 위에 따끈따끈한 밥 한 주걱 올려주신다
게 눈 감추듯 묵밥 한 그릇 뚝딱 비우고는
체할라, 라는 말 등지고 마을 밖으로 후다닥 내 뛴다
허겁지겁 먹은 묵밥은 달리기로 이미 소화가 되었고
수업이 끝날 때쯤엔 허기지고 어깨가 처진다

오늘은 유난히 어머니의 묵밥이 그립다

인자

남 궁 유 순

그의 뜻이 머무는 곳은
구중궁궐도 아니요 대자연도 아닙니다
한 뼘도 안 되는 인생의 마음입니다

그가 머리 둘 곳 찾으려
어제도 오늘도
변함없는 사랑으로 지극정성입니다

인고의 세월,
못내 헤아리지 못하는 인생의 맘 때문에
인자의 사랑은 상처투성이입니다

수없는 배반과 멸시
수많은 악평과 외면

그래도 포기치 않고 애타함은
소름 돋도록 사랑하는 까닭입니다

오늘은 돌아오겠지!
이제는 돌아봐주려나!

아이에게서 눈 떼지 못하는 어미처럼
모든 인생을 향한 지구촌의 어미가 되어

사랑 때문에 울고
사랑 때문에 웃는

사랑덩이 인자입니다

어서 오소

柳 岸

이슬로 햅쌀 씻어 한 시루 떡을 찌고
단풍과 산새소리 바람에 버무리다
아서라!
그러지 말거라
산신령께 혼났소

햇살로 구절초 쑥부쟁이 전 부치고
하늘빛 물들여서 맑은 술 내렸는데
아직도
얼이 빠졌냐며
바윗돌이 웃었소

하늘을 억새풀로 쓸고 닦고 쓸고 나서
소반 찾아 구름 타고 이리저리 헤메니까
에헤라
내 등에 차려라
산과 산이 엎들였소

모깃불

박 현 웅

이글거리던 태양이 석양 끝으로 사라지고
땅거미가 마당에 스물스물 내려앉을 때
아버지, 들에서 베어온 풀섶을 쌓아놓고
모깃불을 피우며, 평상을 펴신다
어머니는 낮에 밭에서 따온 늙은 호박을 넣은
붉은 팥 수제비를 한 솥 끓여 내신다
그러면 우리는 밤하늘의 달빛별빛 호롱불 삼아
올망졸망 평상에 둘러앉아
한 양푼씩 게 눈 감추듯 비운다

엄마 더 주세요
이놈아! 짜구날라 그만 처묵으라

모깃불 연기가 하늘로 휘감아 올라가던 그 해 여름
지금도 내 마음에는 추억의 모깃불이 모락모락 피어난다

숲속 연가

문 희 원

나는 지금
너에게로 간다
한 동안 잊고 있던
네가 너무 그리워
세상일 모두 던져두고
지금 네게로 달려간다

눈을 감아도 보이는
하늘 가득 덮은 푸르른 잎들
그 사이를 오르내리며 지저귀는
작고 예쁜 새들과
큰 바위 옆에 끼고 굽이쳐 흐르는
맑고 고운 시냇물
이름 모를 풀꽃들
그 숲속의 진한 향기가
너무나 그리워

나는 지금
너에게로 간다
숨 가쁘게 돌아갔던 도시와
세상에서 벗어나
마음의 평화를 찾기 위해
첫사랑 그 설레는 마음으로
지금 너에게로 달려간다

안경과 풍경

백 운 수

작은 시골마을 이집 저집 굴뚝엔
오그락자그락 뽀오얀 연기 피어나고
밥 짓는 내음 실바람 타고 오던 1979년 어느 봄날

아직 철없던 나에게 그녀가 혜성(星)처럼 다가왔다
때 이른 내 나이에 처음 있는 일이라
정신이 몽롱하고 눈 앞에 캄캄했다
당황 열 배 부담 백 배였지만
그녀는 무척이나 나를 좋아했나 보다
시도 때도 없이 내 곁에 꼬옥 붙어다닌다
결국 나는 그녀를 받아주기로 마음먹었다
때론 다투기도 하고
때론 거느적거리기도 했지만
지금까지 그녀와 잘 살고 있다

그녀는 나에겐 없어서는 안 될 존재
내 눈이 되어주는 그녀가 청말 고맙다

오월 수목원

문 모 근

느티나무 귀밑이 연두색으로 환하다.
바람도 연두색으로 물들고,
말랑말랑한 여름이 기웃거리며
물위에 떴다.
공중돌기를 한 햇살도
은화처럼 반짝이는 오후 세시
쨍쨍한 아이들의 목소리
자전거 바퀴타고 달아나
오월의 주변을 맴돌고 있다.

나무의 문신

송 용 일

고목 한 그루
書刻으로 난해하다
文身을 새긴 직립은 나무의 자서전
질곡의 흐름에
마디마디 삶이 가파르니
빛으로 글씨를 쓰고
바람으로 그 글 새겼으리
음각은 속이 깊어
안으로 스며드는 성질이 있어
색깔들은 내공으로 피어
시절을 쫓아 푸르고 빨갛다
참새들의 입방아에 듬듬한 나무의 귀
허공이 꺾일 때마다 흔들린다
속내는 미래가 되어
심안을 부르니
세월로 무늬가 되느니

학의 DNA

신 형 자

아버지
백구두만 보면 당신 생각 생각으로
목이 메입니다
여린 풀잎같이 윤기가 흐르던 당신은
여름이면 흰모시 적삼에 부채를
한 손에 들고 지팡이로
멋을 내셨지요

배 아프면 배를 문질러 주시고
따뜻한 등을 내어주시던 당신의 사랑은
가늠할 수 없는 사랑의 온도계였습니다

아버지
순백의 마음을 지니고
현자의 전기처럼 살아오셨던 당신은
천 년을 산다는 학이었습니다

이제야 당신의 뜻을 알 것만 같은 이 딸도
당신의 고매하신 성품을 이어받아
시 쓰는 사람이 되었으니
저 또한 학처럼 살겠나이다

흰 접시꽃

심 상 영

살짝 뿌리는 가랑비
그녀가 이른 더위를 식히며 몸을 적셨다
하얀 얼굴
큰 손등으로 햇빛 가리고
살살 불어오는 바람에
미소를 흘려보낸다

그리 멀지도 않은 영월에 계신
아버지를 접시꽃이 모시고 있다
아침이면 기상나팔을 불고
밤이면 자장가를 불러드린다
낮이면 막걸리 사발이 되고
밥상 위에선 반찬 접시가 된다

멀리 사는 아들보다
가까이 사는 그녀가 효녀다

바오바브나무

- 남편에게 드리는 시

양 수 연

그는 평온했던 가장
신의 질투로 실족을 했다
그에겐 사면이 벽이었다
더는 버틸 수 없어서 절망했다
그러나 그의 마음에는 가족들이 자리 잡고 있기에
가파른 시간을 한결같이 살아야 했다

이제 그가 존재하는 한 함께하는 따뜻한 이웃이 있다
오랜 시간 반목하며 불편했던 관계
마침내 부둥켜안으며 웃는다

세상의 그 어떤 나무도 젖으며 흔들리며
자랐기에 더 숭고하다

당신은 나의 바오바브나무
그와 한 마음으로 일관하니
믿음이 더 깊어진다

시인은 낚시꾼

유　화

하늘이 참 맑은 오늘은 소통의 시간인가요?
교외로 홀로 나와 있으니
왠지 당신께 묻고 싶네요. 당신의 꿈은
무엇입니까
저는 이런 꿈을 꿉니다. 물결이 출렁거리듯

가을이 온 들녘에 들썩이는 바다로 나가
저 깊은 심해로부터
화사하게 빛나는 삼치의 눈빛도 꿰뚫고
죽어서도 가보지 못할
하늘 밖 별들의 나라 수억 광년 끝에
명왕성이 사라져 갔던 사유를 헤아려 보고 싶은

이제 막 바다에 도착한 낚시인으로서
꿈이 만선입니다.
비장함도 엿볼 수 있습니다. 오늘 밤만은,

오늘만은 누구도 하지 못했던
저기 철의 장막을 걷어내고 백두 웅왕담에서
오르지 못한 이무기의 꿈과
만나지 못하는 모든 이의 아픈 꿈도 가늠하고 싶다고.

생과 사는 허상입니다. 그리 믿고 싶어서
영혼과 영혼을 묶어 낚으러 온 것인데
시를 잡을 수 있다면
시가 영원할 수 있다면
정녕 신께서 이 좋은 날 목숨 제단 할지라도

어쩌면 사후 260년쯤 후에는
저 남도 바다 갯벌에 들물이 들고
저녁노을에 갈매기 떼도 집으로 향할 때
등대 하나 또다시 밝은 고요한 밤,
건재한 시간에 갯바위 위에서 지느러미 펄럭이듯

누군가 또 푸른 꿈을 낚을 이도 바라다보며
서기 2274년 그대의 꿈과 나의 꿈이
거대한 우주의 공전으로 만나는 순간!
연어의 회기본능처럼 은빛 작은 언어들과
결합하였거나 공존되거나 하는

감자떡 두 개

오 현 주

지인들과 찾은 속초 동명항
빨판처럼 늘어지는 어둠을 보았다
명치끝을 가하는 압박
쉽게 나올 어둠이 아니였다
마루타처럼 뒤집혀진 얼굴
시멘트 바닥이 그의 이마에서 피를 빤다
산으로 올라가라는 사공들과
내려가라는 사공들이 발만 동동구른다
일 분 일 초를 위해 인공호흡이 이어진다
헛바람만 먹은 배가 풍선처럼 부푼다
굳어 가는 손끝에 피를 내는 아줌마의 약손
독이 퍼진 열매는 버려야 하는가
뻣뻣해진 그가 저승사자 얼굴을 하고 있다
산자의 부름에 한 마디 말이 없는 그를 싣고
멀어져가는 사이렌소리
응급실에서 빼낸 두 발의 파편에
감자꽃이 지고 있다

내 집은 공원 앞 삼층

이 분 엽

나무 빛 휘어진 벤치와
두 줄 그네 사이길 지나
우리 집은 그러고 보니
연둣빛 공원 우체국 같다

사람들이 너른 그네를 타고
구청으로 홈마트로 사라진 후
오후를 사색하는 바람이
줄무늬 큰창으로
와르르 쏟아진다

한나절 부리긴 새들이
그대가 주고간
긴 편지를 뜯으며
나는 공원 앞 삼층집에서
그대를 읽는다
그리고 기다린다
해지기전에 돌아올…

입석

이 송 현

부산을 가기위해 서울역으로 갔다
휴가철이라 입석 밖에 없다
어릴 적 아버지와 고향을 떠나 서울로 이사올 때
기차를 타도 멀미를 하며 서울로 왔던 아련한 기억이 난다

매년 순천행의 비둘기호 밤차를 타기 위해
교복을 입고 자리를 잡으려 뛰었던 기억이 아련하다
얼마 전 시인들과 강원도 영월에 간 적이 있다
그곳에서 수십만 년 동안 입석을 하고 있는 선돌을 보았다
다리가 아플 때도 되었으련만
그는 지금도 사철 관광을 즐기고 있었다

여행이란 어떤 환경이라도
소풍가는 어린 아이처럼 설렘이 있는가 보다

그대 이름을 노을 속에 묻고

이 연 분

그대를 사랑한다는 것은
저무는 강에 노을이 되는 것이다
해 질 무렵
잠시 그리움에 몸서리치다
슬프게도 나는 기울어 간다
붉은 석양빛에 기대어
그보다 더 진하게 울고 간다
하루에 한 번씩 흔들리는 사랑
내가 그대를 사랑한다는 것은
어제도 오늘도 또 내일도
날마다 아파하며 저물어가는 것이다.

전투조종사의 꿈

이 영 하

여명의 대지를 박차고
굉음으로 어둠을 깨우며 치솟아
내려다 본 한반도의 아침
고요는 그 자리에 게으름을 깔고 있었다.

서울에서 의주로 뻗은 경의선 철길 따라
강릉 고성 원산으로 이어지는 동해선 따라
남과 북 갈라놓은 산 하나 보이지 않는데
사랑한다는 말을 전하지도 못한 채
칠십여 년의 한이 메아리 되어 돌아앉는 휴전선 155마일

이제는 오천년 배달의 정신으로 걸어온 한 길
팔천만 민족이 염원하는 평화의 문, 통일의 길을 열어라.
이제는 반토막 난 허리에서 다시 급선회하여 되돌아오는
아픔과 고통이 더 이상 없게 하라.

눈 아래 떠가는 구름은 백두산 천지를 향해 자유로이 흐르고
강가에 물새들도 마음껏 남북으로 날고 있는데
우리는 어찌하여 두 쪽으로 갈라섬을 안타까워만 해야 하는가?

아, 조국이여!
팔천만 겨레가 꿈을 이루고 사는 터전
하나되는 금수강산을 위해 통일의 대행진은 시작되었네.
머지않아 압록강과 두만강, 그리고 백두산을 지키겠다는
전투조종사의 꿈은 오늘 이 새벽에도
여전히 한반도를 응시하고 있다.

호박예찬

우향 이원용

봄날에 어린 모종 만나
마당섶으로 이사 시킨 지 두어 달포
어린 손 기어오르다
노오란꽃 피고 지더니
무성한 잎새 사이로
씨알 품었네

이슬을 몸에 바르니
윤기 나는 그 모습
옥동자를 닮았구나

무더위 열병 앓고
소나기로 몸 닦으며
안개로 단장하니
가히 너는 시간의 채움이다

햇살 차가운 만추에
너는 황금빛 가운을 입고

보석 알 한 아름 안으니

만삭의 며느리 같구나
풍성한 몸매에
이맘 또한 부자된 듯

임이시여

– 천상병 선생님을 추모하며

이 윤 순

천상에서 굽어보고 계실 임이시여
상처투성이
병든 심신은 이제 좀 나으셨나이까

천 원 짜리 한 두 장 손안에 있고
커피 한 잔 담배 한 갑이면
서울장안 부자가 눈 아래 보이던 여유롭던 세상을
막걸리 한 병 이면 만사형통이던 그 청빈하던 세상살이를
님이 시여!
어이하여 외면하고 가셨나이까?

주인 잃은 님 의 흔적 들을 지키기 위해
저희가 지금 여기 이렇게 모였습니다
안심하고 푹 쉬소서 쉬었다가 기운차려
훗날, 아름다웠다고 하셨던 이 땅에
또 다시 소풍 오소서
따끈한 커피와 시원한 막걸리 자시러 오소서

동가식서가숙 을 즐기시며
티 없는 미소 골목골목 흘리고 다니시던
자유로운 이 땅을
잊지 말고 다시 오소서
진실은 언제나 존재하기에
세상은 결코 선생님을 외면하지 않을 것입니다.

님이 시여!
이 가을,
이 아름다운 산천에
고운 단풍잎들 내려 앉아 대지를 수놓아 임을 그리고 있답니다.
이성에 오실 여비 걱정일랑 마시고 꼭 오시옵소서
두 팔 벌여 환영 하리다

자전거 탄 수채화

이 윤 수

제비꽃도 개망초도 물에 잠겼을 텐데
귀에 꽂은 이어폰은
구름 속 하늘을 수신하는지
그녀의 동공은 잿빛 하늘을 닮았다

잠시 멈춘 행간 사이로
잿빛 구름을 이고 달려오는
그녀의 자전거

차선을 넘어 질주하는 가로수
푸른 가슴 열어버리고
물결치며 좇는다

그녀의 은륜소리
어디까지 갈까

나를 스치고 지나가며
횡단보도를 건너 사라지는 뒷모습
내 심장엔
채울 수 없는 구멍 하나 생겼다

복숭아 세대

전 하 라

아점의 시간, 버스에 오른다
교통카드를 찍고 좌석을 둘러보니
푸성귀 같은 여자, 옆자리가 비어있다
나는 자리에 앉고 그녀는 내릴 준비에 분주하다
그린 미니원피스에 연분홍빛 꿀벅지
복숭아밭을 이끌고 버스를 내리는 그녀
발걸음마다 도시가 휘청거리고
점포들이 움찔움찔한다

그리고 한 남자가 내 옆에 앉았다
이중커트머리 치렁치렁한 벨트
골반까지 내려간 청바지에 설렘이 인다
쉴 새 없이 자판을 두드리는 그
무슨 화장품을 썼는지 그 남자 향에 울렁하다
지금 가고 있으니 조금만 더 기다려
응, 알았어
폰 속의 풋복숭아 음성, 귀가 달다

지리산 밤머리재에서

정 이 산

비구름은 높은 필봉산 허리에 걸쳐
어린양을 부리듯이 산봉우리를 어루만지고
발아래까지 내려와 간지럼을 피운다.
먼 길을 오다 보니 더위에 지쳐
왕산과 필봉산에 흰옷을 입고 다가와
지나온 여정을 이야기하며 눈물을 흘리더니
설움에 겨워 소나기를 퍼붓는다.
산속 나무에 숨어 있는 매미들도
잠시 숨을 죽이고 구름 이야기를 듣는다.
얼마나 대자연이 위대하며 경외로운지를
얼마나 인간은 대자연 앞에서 나약한지를
구름의 고향인 뜨거운 남태평양 열기가
지리산 산천초목과 대지에 퍼지고
조용하던 계곡이 서서히 소리를 내며
여름 교향곡을 오케스트라처럼 연주한다.
한 시간 동안 내린 빗물이 모여
지리산 깊은 계곡을 휩쓸고 가더니
마침내 남강을 황톳물로 만들고
저 멀리 나르는 새털구름이
나를 비웃듯이 내려다보고 있다.

주름살에 관한 단상

청마 정종복

하루가 지나면 그 만큼 내 몸도 늙어간다
늙어 간다는 것
어쩔 수 없지만 조금 늦출 수는 없을까?
백발을 데리고 파고드는 주름살이 마냥 두렵다
막을 길을 찾아보다가 화장으로 씌워도 보지만
주름살은 먼저 알고 지름길로 가버린다
이마에 굵게 진 주름살을 슬퍼하지 말자
세상이 나에게 준 훈장이다
살아오면서 숱한 시련과 갈등을 이겨낸 훈장이다
그동안 떳떳하고 정당하게 살아온 확실한 증표다
주름진 얼굴 부끄러워 말자
이마의 주름은 어떻게 하겠느냐만
마음의 주름만은 지우지 말자
갈피갈피 아름다운 마음을 접어두고
갈피갈피 아름다운 추억을 접어두고
아름다운 사람들과 갈피갈피 접히며 살아가자

몽돌 해변에서

최 문 옥

햇볕에 쪼이고
물결에 씻기고
끼리끼리 부대끼다가
각이 몽땅 달아났다

몽돌이다
아하,
사랑에 쪼이고
세파에 씻기고
우리끼리 부대끼며 살다보면

모난 나도 너처럼
둥글어지것다

달 빚는 엄마

최 광 호

문득
송편이 먹고 싶다
송편을 바라보니
이쁜 달 같다

달을 바라보니
엄마가 송편을 빚고 계신다

엄마…
엄마 먼저 드세요

가을꽃

하 정 아

강한 비바람에도
흔들리지 않았다
초록의 옷을 벗고
마음 한 켠을 비워둔다

이젠,
작은 바람에도
흔들리는
가을꽃.

단풍 든 심장에
수를 놓는
바늘 끝이 고요하다

설레임 담은 병풍 한 폭
가을꽃으로 걸어나와
촛불처럼
바람의 눈치만 본다

보름달 아래서

황 용 미

너의 싱그러운 얼굴을
어찌 한 송이 예쁜 꽃에 비할 수 있겠니
하늘 사랑 한껏 받고
하늘이 주는 고운 빛 가득 안고
누구나의 가슴에 희망을 주려는 너는
하늘에 떠 있는 하얀 천사
그 어떤 보석보다도 귀하고 귀하기만하다

누가 뭐래도 나는 그렇다
그래서 너만 보면 그냥 웃음이 피어난다
그냥 네가 무조건 좋아서
미치도록 좋기 만해서
달덩이보다 더 큰 미소를 만들어 보낸다

너 그거 아니
너를 너무 사랑해서
때문에 더 힘들어질 거 같아서
매일 웃기만 하는 내 마음을

고독(孤獨)

허 지 공

고운 미소와 향그러운 입김이
서리 맞아 차갑던 날
몸부림치던 영혼의 아픔
그것은
아마
고독이었나 봐

따사로운 속삭임과 포근한 애무가
바람 겨워 얼어붙던 날
잠 설친 영혼의 시림
그것은
아마
고독이었나 봐

거친 한살이 눈보라에도
몸가축 어름어름
사립 밖을 향하는
영혼의 방황

그것은
밤의 포장을 여는
에오스Eos의 뜨거운 숨결이었다.

별밤

변 종 윤

오늘
내가 지금 바라보고 있는 것은
별이 아닌
친구들이다.
우리 살다 떠나면
언제나 서로 교감할 수 있는 별이 되자.
저별은 너
또
저별은 그 녀석
친구를 헤아리다 보니
별만큼 될까 두려워

그만보고 달을 본다.

세미나 자료

소풍을 가다

―「귀천」의 '소풍'론

강외석 평론가(문학박사)

소풍을 가다

―「귀천」의 '소풍'론

강외석 평론가(문학박사)

원족(遠足)으로도 불리는 소풍은 탈일상의 계기를 제공한다. 늘 무겁게 짓누르고 있는 일상의 건조함으로부터 해방되고, 평소 먹기 어려운 특별난 먹거리도 먹기도 하며, 유희도 즐기며 반복되는 생활의 무의미에 지친 몸과 마음을 쇄신하게 한다. 그래서 나에게 소풍은 몸과 마음의 변모와 이동을 꾀하는 입사(入社)로 읽히기도 한다.

삶을 소풍가듯 살 수 있을까. 하루하루를 늘 그렇게 살 수 있을까. 있다면 모르긴 해도 그는 무위도식하는, 생활에는 젬병인 사람일 것이다. 그 드문 사람 중에 천상병이 있다. 천상병을 이해하기 위해서는 필수 코스인「귀천」(1970.6.)을 거치지 않으면 안 된다. 이 시를 거치지 않는 '천상병론'은 모두 헛것이다. 그의 전체 삶에 대한 정보를 송두리째 내장하고 있는 유력한 텍스트이기 때문이다.

> 나 하늘로 돌아가리라.
> 새벽빛 와 닿으면 스러지는
> 이슬 더불어 손에 손을 잡고
>
> 나 하늘로 돌아가리라.

노을빛 함께 단 둘이서
기슭에서 놀다가 구름 손짓하면은,

나 하늘로 돌아가리라.
아름다운 이 세상 소풍 끝내는 날,
가서, 아름다웠더라고 말하리라.

나는 이 시를 감동적으로 읽는다. 이 시의 문면에는 이전의 그의 삶이 생생하게 있는 그대로 드러나 보이기 때문이다. 그의 세계관은 '이슬', '구름', '소풍'과 '아름다운 이 세상'에 투명하게 드러나 비친다. 이들은 객쩍고 공연한 시어가 아니라, 그의 실제 삶을 그대로 드러내는 실존 언어들이다. 이 시는 그의 예전과 지금, 다음이 공존하는, 아니 그 시제들이 한데 얼리는 관계의 시이다. 예전과 지금과 다음을 따로 따로 떼어서 생각할 수 없는, 그러니까 불연속적이 아니라, 연속적으로 이어진, 그래서, 그는 예전에도 그랬지만, 지금도 그렇고, 또 다음에도 여전히 그렇게 이슬과 구름이 환기하는 뜻에 따라 헛된 욕망을 떨쳐내며 아름다운 이 세상을 소풍하는 마음으로 살 것이라는 것이다. 이렇게 이 시를 읽고 받아들이면 좋겠는데, 이 시의 발표연대에 눈이 머무는 순간 이상한 기운이 감지되는 것이다. 유언장이 아닐까, 하는 그런 수상한 느낌 같은 것. 1970년이면 그의 나이 겨우 40세인데, 그리고 그에게 닥친 악몽 같은 사건(1967년)이 있은 지 얼마 안 된 뒤이기도 한데. 한 마디로 내가 이 시를 읽고 받은 감동과는 척지는 환경, 전혀 감동적이지 않은 환경에서 태어난 시이다. 그러니까 이 시의 태생 환경은 불우했다는 것. 이 이후도 불행하긴 마찬가지이다. 살아있는 시인의 유고시집을 낳게 한 그 실종 사건(1971년 7월)이 곧장 이어졌으니까. 시기적으로, 이 시는 그 두 악몽 사이에 끼여 있다. 시인의 조숙성은 이미 알려진 것이지만, 겨우 40의 나이에 유언장 같은 이런 시라니. 시인의 조숙성으로 돌리기에는 마뜩치 않은 구석이 있다. 그의 생애 가장 끔찍했던 사건으로 기억될 동백림 사건 이후 그는 육체적, 정신적으로 완전히 망가진 상태였을 것인데. 이 사실을 감안하면 그 유언장은 전혀 개연성이 없는 것은 아니다. 이 끔찍한 세상이 두렵다는 생각이 들었을 법도 하고, 그래서 삶의 의욕이 꺾이지 않았을까. 그럴수록 더더욱 꺾일 수는 없는 일. 서로 다른 심리 상황이 작용과 반작용으로 길항한 끝에 태생한 것이 「귀천」이 아니었을까. 그래서 「귀천」은 죽음에 대한 선언이기도 하면서, 죽음에만 그친 선언이 아니라, 삶에 대한 선언이기도 한 것이다. 자칫 의아하게 읽혔을 '아름다운 세상 소풍' 운운이 납득되는 순간이다. 순수한 그를 처참한 지경에 빠트리게 한 이 세상이 과연 아름다운 세상인가, 라는 의구심이 들겠지만, 두 개의 상황을 번갈아서 혹은 거꾸로 뒤집어 읽고 받아들여야 한다.

6개월 동안 곤욕을 치르고 출소한 그는 약 일곱 달 동안 천승세의 사글셋방에서 지낸 것으로 알려졌다. 천승세에 따르면, 출소 이후 그는 자신을 대하는 문단 지인들이 보여준 낯선 태도에 대해 힘겨워 했던 것으로 보인다. '세상이 이렇게 삭막하단 말가? … 이렇게 쓸쓸해도 되는 걸까? 참말?'을 헛소리처럼 읊었다고 한다. 그래도 한결 같은 것은 그의 세상에 대한 믿음이었다고 하는데, '세상은 아름다운 것'이라는 믿음 말이다. 알 수 없는 일이다. 그런 끔찍한 일을 겪고 난 뒤, 정신적 공황에 빠졌을 그의 입에서 나온 말이 '세상은 아름다운 것'이라니. 이 마음의 경지는 도대체 얼마나 높은 경지이며, 그 경지를 어떻게 따라 올라가 헤아린단 말인가. 툭하면 세상에 대해 불평불만을 배설하고, 무지막지한 욕을 퍼붓곤 하는 소인배인 나에게 그는 도저히 감당불가이다. 아무튼 「귀천」의 싹은 여기서 발아되어 옴작거렸을 것이다.

소풍의 몇 가지 조건이 있다. 그 조건은 그의 실제 삶에 토대를 둔 것인데, 그것은 그의 삶이 실증하는 것이다. 첫째, 무위도식하는 생활이어야 한다. 둘째, 가난하되, 맑은 가난이어야 한다. 셋째, 시와 삶의 양면에서 퇴행이 이루어져야 한다. 넷째, 소풍의 흥취를 돋우는 물질에 의한 도취의 분위기여야 한다.

먼저 삶이 소풍이 되기 위한 첫째 조건은 무위도식하는 철면피한(?) 생활인데, 그것은 목순옥과의 결혼(1972년)에서 이루어진다. 목순옥이 아닌 다른 여자와 결혼했다면, 그의 소풍은 가능했을까. 그의 나이를 가지고 보더라도 43살은 적지 않은 나이, 게다가 결혼의 요건은 경제력이다. 그가 경제력이 있는가. 가족을 부양하기는커녕 자신 몸 하나도 추스를 여력이 없었던 그에게 목순옥 아닌 어떤 여자가 반려가 되겠다고 나서겠는가. 목순옥이 아니었다면 그의 남은 생애는 어떻게 되었을까. 그 뒤는 상상하지 말아야 하겠다. 아무래도 이런 상상은 상상하기 고약한 일이다. 어쨌거나 그의 소풍은 목순옥으로 인해 실현된다. 목순옥은 집안 경제를 책임짐으로써 그의 책임을 면제해 줌과 동시에 그의 소풍을 가능하게 해주었다. 목순옥이 처음 벌인 일은, 천승세에 따르면, 골동품을 취급하는 일이었다고 한다. 그 이후, 「티롤」이라는 작은 찻집의 고용원을 하다가 찻집 「귀천」을 차려 직접 경영했다. 그런데 좌석이 열다섯 개 정도 밖에 되지 않는 협소한 실내이어서, 크게 돈벌이가 되지는 않았던 것으로 보인다. 팔십 년대 말(혹은 90년초) 기준으로 해서 하루 매상이 약 오만 원 정도였다고 하는데, 그럼에도 불구하고 목순옥은 천상병의 소박한 소풍을 꼭 알맞게 뒷받침해 주었다. 그런 목순옥은, 목순옥 쪽에서 천상병을 천상배필로 생각했는지 여부는 알 수 없지만, 천상병 쪽에서 보면 그녀는 천상병의 천상배필인 것이다. 하여간 목순옥 없는 천상병의 소풍은 언어도단이니, 천상병의 복이다. 그래서 그는 「행복」에서 '아내가 찻집을 경영해서/생활의 걱정이 없고' '아내가 다 사주니/무슨 불평이 있겠는가.'라고 만족하면서 '나는 세계에서/제일 행복한 사나이'임을 외치는 것이다. 천상병의 그 행복은, 심하게 말하면, 목순옥의 희생과 헌신을 먹고 자란 것. 천상병이 주인공 역할을 하다 보니, 목순옥은 보조하는 역할에 그칠지 모르지만, 주인공을 주인공답게 받쳐서 올려주는 역할은 순전히 보조역할자이다. 그런 면에서 천상병에 의해 목순옥이 밝혀진 것이라기보다는 목순옥에 의해 천상병이 더욱 밝혀진 것이라는 해석이 더 타당하다. 목순옥이 아니었다면 그의 소풍이 순탄했으며, 소풍이 끝난 뒤의 귀천이 순조로웠을까. 요는, 그의 소풍과 귀천은 순전히 목순옥이 지켜준 것이라는 엄정한 사실이다.

그리고 실제 소풍을 갈 때에는 가능한 최소한의 물건만 소지해야 하는 것처럼, 천상병의 소풍의 본질도 역시 그 '최소한'이다. 이 '최소한'은 말할 것 없이 물질의 '최소한'을 일컫는데, 그것은, 달리 말하면, 가난이다. 그것도 아주 맑은 가난. 그의 맑은 가난은 소풍을 가기에 적절한 방식이다. '가난은 나의 직업'(「나의 가난은」)이라고 단언할 정도로 그의 가난은 호가 나 있다. 서울 상대 시절 시인 이상의 욕심이 없다며 한국은행 입사를 포기한 그의 일화가 입증하지만, 가난은 그가 자초한 것이다. 조선 실학자 이덕무의 말이 생각난다.

> 가장 으뜸가는 것은 가난을 편안히 여기는 것이다. 그 다음은 가난을 아예 잊어버리는 것이다. 가장 낮은 것은 가난을 꺼리고, 가난을 호소하며, 가난에 짓눌리다가 가난에 부림을 당하는 것이다. 그보다 더 아래는 가난을 원수로 여기다가 가난에 죽는 것이다.

우문이지만, 천상병의 가난은 어디쯤일까. 그는 가난을 편안하게 여긴 쪽이기 십상이다. 그는 자신이 아무 것도 가지고 있지 않다는 데에 대한 자각, 또는 가진다는 것에 대한 일체의 욕심이 없었다. 그가 물질에 대해 얼마만큼 자각이나 욕심이 없었는지 알아보기 위해 천승세의 말을 잠시 끌어온다. (천상병에 관한 일화는 천승세에 의해 발설된 것이 가장 믿을 만하다. 천상병의 무덤에서 그가 토한 황소 같은 울음과 몸부림은 이 세상의 관계에 대해 진지한 물음을 던지게 해 준 것이기에 그는 더욱 신뢰할 만하다.)

> 아내가 하는 골동품 장사가 너무 잘 돼서 걱정이다. 별것도 아닌 골동품이 꽤 큰 값으로 팔린다. 이렇게 아내의 사업이 잘 되면 나는 본의 아니게 부자가 될 조짐이 있다. (줄임) 풀지 못할 숙제가 하나 있다. 도대체 이 세상의 더러운 년놈들은 그 따위 물건들

을 뭣 한다고 높은 값에 사들여 재산으로 삼는 것이냐. 그냥 선조들의 전통적 실증으로써 박물관에 진열하면 안 되나? 제기랄 — 이런 엉터리 세상이 어떤 명분으로 가능하단 말이냐.

어안이 벙벙하다. 충격 그 자체이다. 도대체 이런 너절하고 엉터리 세상에 이런 천상병의 존재가 어떤 명분으로 가능하단 말인가. 그의 존재는 이 세상의 축복일까. 아니면, 신의 돌연한 실수일까. 꾸미거나 일시적으로 위장할 수 없는, 이 놀랍고도 충격적인 날것이라니. 그가 기인이라면 그 기인-됨은 여기서 찾아야 할 것 같다. 짐짓 위장되거나 의도된 짓을 자행하는 그런 가짜 기인이 아니라, 상식에 충격하는, 충격해서 신선함을 안겨주는, 그런 아름답고 눈부신 천진함을 드러내 보이는, 이런 신선한 기인을 보았는가. 그의 소풍은 그의 이런 기인(奇人)스런 기이한 짓(?)으로 더욱 눈부시게 되고 있다.

또 다른 소풍의 조건은 퇴행이다. 이 조건은 물론 천상병에게 국한된 조건이다. 그 퇴행은 시에서의 퇴행과 어린아이로의 퇴행이 있다. 그의 후기 시는 대부분 날카로운 긴장력을 상실하고, 엄숙하고 무거운 시적 조형성을 전혀 고려하지 않는 퇴행의 수순을 밟는다. 그의 일상이 바로 시가 되는—이 변화는 동백림 사건에 연루되어 출소한 뒤 나타난 점인데, 천상병은 "나는 시를 짓지 않는다. 입을 열면 그대로 시가 흘러나오고 내가 원고지에 적는 것은 모두가 시"라는 말을 하고 다닌 것을 통해 그의 시가 일상의 말을 그대로 전하는 형태가 되고 만 앞뒤 사정을 짐작할 수 있다—, 이른바 퇴행의 시라고 할 수 있는 그런 시가 양산되면서 그의 모든 시적 실현은 유년의 도저한 단순성으로 정착된다. 일체의 시적 기교나 수사가 그의 시에서 빠져버린, 내용과 언어형식 양 측면에서 천진성의 시학이 추구되고 있는 것이다. 시를 억압하지 않는, 그래서 일체의 긴장을 풀어버린 자유방임의 상태가 그의 시이다. 소풍은 자신을 무장해제하고 나서야 가능한 일인데, 소풍의 무장해제와 후기시의 퇴행은 그런 면에서 걸음을 같이한다.

그의 시적 퇴행은 어린아이로의 퇴행에 다름 아니다. 어린아이에 대한 증폭된 관심은 그의 퇴행에 다름 아니다. 어린이는 같은 어린이에게 깊은 관심을 보인다. 그래서 그는, 표현이 좀 이상하지만, 동네 아이들과 허물없이, 격의 없이 지낸다. 아이들을 대상으로 쓴 몇 편의 시가 있지만, 그의 산문의 한 대목을 통해 이 사실을 확인해 본다.

> 나는 동네아이들과 스스럼없이 어울린다. 나는 아이들만 보면 귀여워 그들과 함께 놀아 준다. "요놈! 요놈!"하면 아이들도 따라서 "요놈! 요놈!" 한다. 그러면 나는 깔깔 웃는다. 그리고 또 "임마! 임마!" 하면 아이들은 또 따라서 내가 하는 대로 반복을 한다. 가게에 가서 아이스크림을 하나씩 사 주면 좋아라 웃는다. 그들의 웃음을 듣노라면 이 세상에서 가장 거짓이 없는 웃음이라고 여겨진다. 그들에게 사랑을 담뿍 주고 싶어진다. 나는 그래서 행복하다.

아이들과 논다는 것—'어울린다'는 것—은 평등의 토대 위에서 상하간의 격의와 허물이 개재되지 않아야 한다는 전제 아래 성립되며, 현실 원칙을 위반함과 동시에 쾌락 원칙을 쫓아 이루어진다.

환갑 나이의 시인과 동네 꼬마들이 서로 '요놈' 하면서 하대말을 하고 있다. 현실의 엄격한 원칙이 개입되면 동네 꼬마들의 '요놈'은 성립할 수가 없게 되어 있다. 오직 즐거운 놀이라는 쾌락 원칙 위에서만 설명이 가능하다. 시인은 아이들의 이 건방진 수작마저 즐기는 것이기 때문에 이 놀이는 성립된다. 구순기(口脣期)를 벗어나지 못한 존재인 꼬마를 충족시켜 기분 좋게 만드는 마력은 '아이스크림'이 지니고 있다. 그것을 제공함으로써 시인과 꼬마는 동심으로 연결되고, 그 꼬마의 즐거움 곧 웃음은 곧 시인의 즐거움으로, 행복으로 전이된다. 시인의 내부에 어린이의 마음이 미분화 상태로 잔존해 있는 까닭이다. 독자론의 관점에서도, 독자들이 품고 있을 법한 선한 본성을 자극하고, 잃어버린 동심과 순간적으로 재회하게 하여 시인과 꼬마의 천진난만한 수작에 적극 동참할 것을 요청받게 된다. 창작주체와 독서주체를 포함한 우리 모두 어린 시절의 왕국으로 초대되는 것이며, 바슐라르식으로 말하면 '행복을 사는' 셈이 된다. 그 역시

> 나는 아이같이 순진무구하게
> 지금같이 살았다.
>
> —「아이들」 2연

고 토로한다.

소풍의 풍경에서 빠질 수 없는, 절정의 풍경은 아무래도 술이다. 「술」에서, '술 없이는 나의 생을 생각 못한다.' 면서 '마시는 것이 이렇게 좋은 줄을/어떻게 설명하란 말인가?'라고 되물을 정

도로 그에게서 술을 떼어놓고 생각하기는 어렵다. 천상병은 그 누구보다 술에 관한 일화가 많은 편이다. 그의 일화는 얼굴을 찡그리게 하는 못된 일화가 아니라, 환한 웃음을 떠올리게 하는, 악의 없는 선량한 일화이다. (문단 은사인 조연현에게 욕을 하며 덤빈 일이거나, 소설가 한무숙 집의 향수를 양주로 착각하고 단숨에 들이켰다가 곤욕을 치른 일이거나, 박재삼 단칸방에서 한밤중에 일어나 요강에 소나기 소리를 내며 방뇨한 일이거나, 쌍과부댁에서 벌인 일이거나, 일일이 거론할 수 없을 정도의 수많은 그의 일화는 언제 들어도 마음이 개운하고 따뜻해진다.) 그에게서 술을 떼어놓는 것은 "취기와 광기를 저버리는 것은 시인에게는 죽음"이라고 한 고은의 선언을 떠올리게 한다. 그가 죽기 직전에 쓴 산문 「괴로운 바다의 풍랑과 고초를 잊기 위하여」를 보면, 세상의 고달픔과 괴로움을 잊기 위해서, 그리고 인생을 즐겁게 살기 위해서 술을 마신다고 한다. 역시 그다운 단순, 소박한 답이다. 젊었던 시절의 그에게 술을 즐겨 마신 이유를 물으면 어떤 이유를 댈까. 글쎄. 알 수 없지만, 「주막에서」(『현대시학』, 1966.6)를 통해 간접적으로 짐작할 밖에. (젊은 시절 과도한 음주로 인해 죽음 직전까지 가기도 했던 그였지만, 정작 그의 전기시에서 술이 등장하는 경우는 이 「주막에서」가 유일하다.)

> 골목에서 골목으로
> 거기 조그만 주막집
> 할머니 한 잔 더 주세요,
> 저녁 어스름은 가난한 시인의 보람인 것을……
> 흐리멍텅한 눈에 이 세상은 다만

순하디 순하기 마련인가,
할머니 한 잔 더 주세요.
몽롱하다는 것은 장엄하다.
골목 어귀에서 서툰 걸음인 양
밤은 깊어가는데,
할머니 등 뒤에
고향의 뒷산이 솟고
그 산에는
철도 아닌 한겨울의 눈이 펑펑 쏟아지고 있는 것이다.
그 산 너머
쓸쓸한 성황당 꼭대기,
그 꼭대기 위에서
함빡 눈을 맞으며, 아기들이 놀고 있다.
아기들은 매우 즐거운 모양이다.
한없이 즐거운 모양이다.

—「주막에서」 전문

이 시를 쓸 당시의 시인은 가난하고 외로웠던 모양이다. 이때는 그가 약 2년 동안 부산에 거하면서 김현옥 부산시장의 임시 비서를 하던 때였거나, 아니면 그 직을 그만두고 상경한 때였을 것으로 짐작된다. 비서의 역할은 주로 시장의 축사나 기념사를 작성하는 일이었을 것인데, 그러나 그는 그 역할을 제대로 수행하지 못했던 모양이다. 비서직을 그만두고 상경한 그에게 남모르는 걱정이 없지는 않았으리라. 그가 직장이라고 가져 본 적이 꼭 네 번—출판사와 공무원, 주간 신문사와 잡지사—있었는데, 부산시장 비서직은 공무원이라고 한 그 직장이었다. 직장을 가졌다는 것은 나름대로 자신의 앞날을 계획하고 걱정했다는 증거이다. 언제까지 남에게 손을 벌리는 일을 계속해야 할까. 남들은 그를 태평스럽게 사는 사람이라고 보았을지 모르지만, 그는 마냥 태평스럽지는 않았으리라. (어느 자리에선가 이런 일이 있었다고 한다. 세상을 가장 복장 편하게 사는 사람이 있을까, 라는 좌중의 물음에 김종문 시인이 천상병을 가리키며 저기 있지 않느냐, 고 했다는데, 그때, 천상병이 몹시 계면쩍어 하고 민망해 하더라는 말이 전해지기도 한다.) 네 번의 직장 생활에서 그는 모두 버텨내지 못했고, 적응하지 못했다. 그에게 있어 세상살이는 '서툰 걸음'이었을 것. 세상에 대한 부적응과 낙담은 그로 하여금 술을 찾게 했을 것. 술에 취해 몽롱해진 눈에야 비로소 그 엄격했던 세상도 순하게 보였을 것이고, 그 뒤로 놀랍게도 몽롱하게 고향이, 어린 시절이 나타난다. 고향은 얼마나 따뜻하고 정겨운가. 어린 시절은 또 얼마나 즐거운가. 세상과의 불화가 있을 수 없는 고향과 어린 시절을 복원하는 마력을 술은 보유하고 있었던 것. 저물녘이면 그의 발길이 술집으로 향했던 그 사정을 이제 알겠다. 그리고 '저녁 어스름은 가난한 시인의 보람'이라는 표현도 이해하겠다. 현실 밖으로 떠도는 자아의 외로움과 고단함을 풀어줄 '저녁 어스름'이었을 것이고, 그러기에 그것은 '가난한 시인의 보람'이 되었을 테니까. 장엄한 순간이다.

후기의 천상병은 신체 기능의 악화로 인해 예전의 음주는 불가능하게 되었지만, 일정액의 여전한 술로써 후기 삶의 소풍의 한 축을 지탱하고 있다.

> 나는 술을 즐기지만
> 아주 조금으로 만족한다.
> 한 자리 앉아서 막걸리 한 잔.

취해서 주정부리 모른다.
한 잔만의 기분으로
두세 시간 간다.

아침 여섯 시,
해장을 하는데
이 통쾌감(痛快感)! 구름타다.

— 「아주 조금」 전문

그에게 있어 아침 해장은 '구름타'는 듯한 '통쾌감!'이다. 이 정도이면 그의 술은 일반인의 그것을 넘어서 있음을 알 수 있다. 자칫 알콜 중독자로 오인될 정도로 그는 하루도 빠지지 않고 막걸리 한 되와 맥주 두 병을 마신다. 이런 술버릇은 습관성인지 모르지만, 그 습관성의 음주도 천상병에 와서는 '즐거움'을 위한 쾌락적 삶의 방식으로 자리매김된다. '참 몸에 좋다'(「맥주 두병주의」)는 천상병의 한 마디는 술꾼들의 의례적인 상투를 넘어 그 말의 주술에 빠져들게 한다. 딱딱하게 굳어진 생활이 아니라 적당히 풀리고 열려 있는 상태, 그러니까 유희가 삶이고, 삶이 유희가 되는 그런 경계의 흐릿함이 나타나는 것이다. 그가 평생을 술과 불가분의 관계에 있었다는 사실은 '아름다운 이 세상'을 즐겁게 소풍하는 심정으로 세상을 자적했다는 것으로 해독된다. 세상의 소풍에서 빠질 수 없는 필수 품목은 '술'이며, 그것은 소풍의 즐거움을 상승시켜 주는 절대 효력을 보유하고 있기 때문이다.

그리고는 모든 허위와 위선, 가식으로부터 자신을 전면 개방해 버리는, 거의 백치에 가까운 자유인으로 돌아간다. '괜찮다! 괜찮

다! 괜찮다!'를 세 박자로 외치면서 대긍정의 유토피아를 살아가다가 향년 63세를 일기로 아름다운 이 세상 소풍을 끝내고 귀천했다. 그곳에서 그는 먼저 가서 자리를 잡은 김관식, 박봉우, 이현우 등과 만나 여럿이서 함께 술추렴을 하면서 흥겨운 소풍을 다니고 있는 것일까. 혹 뒤늦게 합류한 그의 아내 목순옥은 여전히 이생에서와 같이 그의 뒷바라지에 여념이 없는 것일까. 그가 간 뒤, 아름다운 세상 운운은 차치하고 소풍갈 만한 그런 세상이 있기나 한 건지 도대체 살 맛 나지 않은 요즈음인지라 그의 근황이 더욱 궁금해지기만 한다.

2014년 제12회 천상병문학제

제5회 산천제 시화전 엔솔로지

그대 이름을 노을 속에 묻고

초판인쇄일 2012년 10월 06일
초판발행일 2012년 10월 11일

지은이 : 배종대 김원식 외
편집위원 : 류준열
발행인 : 김순진
펴낸곳 : 도서출판 문학공원
등 록 : 2004년 3월 9일 제6-706호
주 소 : (우편번호 130-814)서울 동대문구 난계로 26길 17호
(신설동 114-89) 삼우빌딩 C동 302호 스토리문학사
전 화 : 02-2234-1666
팩 스 : 02-2236-1666
홈페이지 : http://cafedaumnet/yob51
이메일 : 4615562@hanmailnet

* 산청군과 남명선비문화축제 제전위원회 도움으로 제 38회 남명선비문화축제 행사 가운데 제12회 천상병문학제 및 제5회 산천재시화전 행사를 하게 되었습니다.